副業は看板広告で稼ぎなさい

スマホとパソコンで
誰でも手間なく 月10万円

小宮絵美

あさ出版

はじめに

初期投資も必要なく、特別なスキルを身につける必要もなく、誰でも簡単にはじめられる副業があったとしたら？

会社員でも、専業主婦でも、学生でも、そして定年後でも、誰でもできるような簡単な副業があるとしたら？

しかも、その副業の多くは一度契約してもらえれば、2年目以降は請求書を出すだけで継続的な収入を得ることができるとしたら？

「そんな都合の良い話があるわけない」

と、多くの方がそう思うかもしれません。

しかし、そんな副業が存在するのです。

それは、わたしが長年にわたって実際に行ってきた

「看板広告」という仕事です。

わたしはひとりで広告代理店を営んでいます。

毎日、毎日、忙しすぎて、気づいていなかったのですが、ある日、気づいてしまったのです。

「あれ？　この仕事って毎年ただ請求書を出しているだけなのに、5万円も儲かっている！」

看板広告よりも、もっともっと知恵も時間も使う単発仕事も受注しています。そんな、手間や時間をかけて納品した仕事よりも、看板広告のほうがラクに儲かっているではありませんか。

断然手間なく、儲かる仕事が、この**看板広告**だったのです。

さらに驚いたのは、WEBや動画の制作、SNSの運用代行などのように、日々学び続けなければ、獲得できない仕事ではありません。

わたしたちが日常的に目にしている、建物の壁面や屋上に掲げられている看板、街中の電柱に掲げてある看板、空き地に立っている野立て看板。誰もが知っている、昔ながらの、あの看板を活用して、**簡単に副業をはじめることができる**のです。

「でも、看板の知識なんてないし、どうやってはじめればいいのか分からない……」

と感じるかもしれません。

しかし、大丈夫です。

看板の知識がなくても、何も問題はありません。

もし「看板を設置したい」という人を見つけたら、プロフェッショナルである看板会社に仕事を振ります。そして、看板会社がつくってくれた資料や見積りを持って、提案するだけでいいのです。

特に、地域に顔が広い人や知り合いが多い人は、このビジネスで大いに成功する可能性があります。

お店に食べに行くのが好きな人や、ママ友が多い人もこの副業に向いています。

もちろん、看板を設置したい人が知り合いだとしても、押し売りをする必要はありません。悩みを聞き出し、看板で解決できそうだと思えば、「最近、看板の仕事をはじめたので、(興味があれば)わたしに頼んでね」と声をかけておくだけでOK。

例えば店舗のオーナーから、

「うちの店、住宅街にあるから分かりにくくて」

と立地に対する悩みを聞いたなら、

「大通り沿いに、こっちにお店があるよっていう誘導看板を出したら?」

と話すだけ。

細かなやりとりは本書で詳しく解説しますが、オーナーがその提案にのって、誘導看板を出すだけで「大通りから迷わず、お客様が来てくれるのよ」「最近、近所の人も増えたのよ」なんて喜んでくれます。

さらに、お客様が増え、売上が伸びていくと……、

「このまま看板を出しておけば、ますます売上が伸びるかも」

と、1年更新の看板広告の年間掲出料を1年、また1年と更新してくれます。

更新してくれたら、あとは、請求書を出すだけ。効果があるから、継続して、お金を支払ってくれるのです。

お客様になるのは大小さまざまな会社や店舗。

そんな会社や店舗の困りごとを解決してあげられる仕事。

人に喜ばれ、請求した費用を気持ちよく支払ってくれる。

しかも、専門知識もいらず簡単で、初期費用もかからない――。

こんな仕事がほかにあるでしょうか?

やるならライバルが少ない今です。

ぜひ本書を読んで、ラクに稼げる、看板広告の副業にチャレンジしてください!

―副業は看板広告で稼ぎなさい―

第1章 手間いらずの看板広告で今すぐ副業はじめませんか？

CONTENTS

第2章 ここだけ押さえる看板広告の儲けのしくみ

第3章
ど素人でもできる！看板広告のはじめ方

CONTENTS

第4章

【実践　初級編】まずは電柱看板からはじめてみよう！

CONTENTS

第6章 【実践 応用編】建物看板＋αの儲け方

CONTENTS

本文デザイン・DTP／辻井知（SOMEHOW）
イラスト／坂川由美香
企画協力／ネクストサービス株式会社　松尾昭仁

第1章

手間いらずの看板広告で今すぐ副業はじめませんか？

Tips

1-1

ウソのようなおいしい副業、それが看板広告

「ムリなく続けられる」最適な副業があった

「副業するなら、自宅でWEBデザイナーになりませんか」

「仕事が途切れないニーズの高い、動画編集の副業をしませんか」

日々、そんなネット広告を目にします。この本を手に取ったみなさんも会社員の安定した収入を得ながら、副業がしたい。もう少しだけ、給与＋副業で収入を増やしたい。そんな思いを持っていることでしょう。


先に挙げた2つの副業は、いずれも知識を身につけ、センスも必要となります。

広告の謳い文句には「短期間で知識を身につけられる」といったことも書かれてあり、敷居が低そうと思ってしまいがちですが、その知識とセンスを使って、実際に手を動かし、作業を行わなければなりません。しかも、単発で請け負う仕事が大半で、たくさんの仕事の依頼がある月も、少ない月もあり、売上に波があります。

わたしの知り合いで、このような広告につられ、正社員をしながら副業でWEBデザイナーをはじめた女性がいました。土日は比較的時間があり、また、彼女には将来的に起業したいという想いもあって、「副業からはじめてみよう」と一歩を踏み出したわけです。

彼女がWEBデザイナーになるために学んだ通信教育を聞くと、リアルでも専門学校がある、きちんとした教育機関でした。しっかりものの彼女は、短期間で基本的な知識や能力を身につけ、仕事をもらえる先も早々に探し出し、副業としてのスタートを切りました。

そんな彼女がある日、こんなことを言っていました。

「通信教育を受けた同期には自宅で副業をはじめた人もいるけれど、残っているのはわたしだけです」

頑張って身につけた知識を捨て、1年も経たないうちに多くの人が辞めてしまっていたのです。

その理由は、自分が手を動かし、制作業務を行わなければならないから。制作には締め切りがあります。

「すきま時間にできたらいいな」という甘いものではなく、本業が忙しい日も、疲れている日も副業の仕事に追われてしまうことがあります。

お小遣い的に増えた収入で、欲しいものを買い、旅行の費用に充てるくらい稼げたらいいなとはじめた副業なのに、蓋を開けてみると、想像以上に時間に追われ、本業に支障をきたすこともあるのです。


でも安心してください。**この本では、「本業は本業で継続しながら、すきま時間に、片手間で副業できる」「副業だからこそ、無理なく、楽しく、ラクにお金を稼ぎたい」、そんな思いを持っている人に最適な副業を紹介していこうと思います。**

最適な副業は時間に追われない、定期性のあるもの

では、**最適な副業**とはどんなものでしょう。

それは**「自分の手を動かさないもの」**です。

先ほどのWEBサイト制作、動画編集などでは、自分のスキルを使い、手を動かし、納品をします。当たり前のことですが、頑張って制作した時間に応じた費用をもらいます。スキルも加味した費用なので、時給換算すると、アルバイトとして働く時よりも高い時給となるでしょう。これで十分満足かもしれませんが、**本業のある、あなただから**

もう一歩先の「時間に追われない」副業を目指してほしいのです。

なぜなら、わたし自身がそれで辛い思いをしたからです。

わたしは、ひとりで広告代理店を起業しました。初の著書『自宅で年収1000万円「ひとり代理店」で稼ぐ新しい起業の教科書』（日本実業出版社）に、広告代理店は「できる人に仕事を振る」ことが仕事と書いています。

お客様から請けた仕事をプロフェッショナルに依頼をする、プロフェッショナルから上がってきたものをお客様に提出する、いわば伝言役のようなものです。

実際にやることと言えば、お客様とプロフェッショナルの話を聞いて、伝言すること以外に、プロフェッショナルから出てきた見積りに手数料を上乗せして、見積書の提出をする、デザインが仕上がる日や納品日を確認するスケジュール管理など、WEB制作や動画編集の人がやっていることより簡単です。にもかかわらず**お客様が増え、売上も増えていく中、一番辛かったのは「時間が足りない」ということでした。**

今日中にエステサロンのお客様の周年チラシの打ち合わせ内容をデザイナーに伝えなくちゃ、着物レンタルのWEBサイトの修正をコーダー（WEBデザイナーがつくったデザインを、プログラミング言語を使ってインターネットに表示させる人）にメールしなくちゃ、明日は病院の診察券が直接納品される予定だけど発送完了しているかを印刷会社に確認しなくちゃ――。一つひとつは簡単なことですが、売上が上がれば上がるほど、タスクの数が増え、「時間が足りない」状況になったのです。

ひとりのままで、広告代理店の仕事で売上を上げたい。でも、毎日頑張らなくても売上が上がる方法はないかな。たまには海外旅行に行って、仕事を休んでも自動的に売上が上がる方法がないかな――。そんなふうにいろいろと模索している時に「これだ！」と気づいたのが**頑張らなくても、自動的に売上が上がる、しかも定期性のある仕事の「看板広告」だった**のです。

毎年請求書を出すだけでOKの簡単な仕事

広告代理店といっても、わたしはひとり広告代理店です。売上を入力し、請求書を発行、入金の有無をチェックする経理業務も自らが行っています。

月末の締め日が近づき、売上をデータ入力していた時に、「来月は英会話教室の看板の更新月だから更新確認をしよう」と英会話教室オーナーにLINEで連絡をしました。すると「更新お願いします」と返事があり、売上を入力。あとは請求書を発行し、LINEで送るだけ。営業努力もしていなければ、打ち合わせもしていません。にもかかわらず10分程度で、10万円以上の売上が計上され、その利益は2万円。たった10分で2万円を稼ぐことができたわけです。

「あれ？　これって頑張らなくても毎年請求書を出すだけの、おいしい仕事じゃない？」

そう、おいしい仕事を以前からしていたのに、気づけていなかったのです。

看板広告であれば、毎年請求書を送るだけの「サブスクモデル」ではないか。なんと言っても、この時給は魅力的ではないか。

それはまさにわたしが求めていた仕事でした。

看板広告の副業なら初期投資がいらない

看板広告に似ているものとして、不動産投資が挙げられます。アパートやマンション、一軒家などで家賃収入を得るには、不動産を購入する必要があります。満室になるか分からないのに、築年数が経過した時の入居率が気になるのに、巨額の費用を先に投資するのは不安ですよね。しかも、銀行に借金をしなければならないほどの資金が必要です。

一方で、看板広告はそのような初期投資が不要です。

不動産投資のように貸す場所を先に準備しておく必要はありませんし、看板設置場所の大家や所有者になる必要もありません。なぜなら看板広告は、「看板をこんなところに出したい」という店舗や会社が現れてから、看板が掲出できる場所を探し、土地や建物などの所有者に看板掲出の交渉を行い、提供するからです。

つまり、その場所に看板を掲出したい人がいるのか分からない状態で、看板をつける場所の所有者になっておき、看板掲出場所のラインナップを準備しておく必要がないのです。しかも、看板の制作費や設置費も広告主が払うため、自己資金も必要ありません。

これが何を意味しているかというと、**リスクを伴わない**ということです。せっかくアパートを建てたけれど入居者がいないというような不安を抱えず、はじめることができるなんて、これほど副業に適したものはないと言ってもいいかもしれません。

Tips

1-2

手間なく、しかも定期的に収入が得られるのが看板広告

本業が忙しくても数分あれば済む事務作業

看板広告の最も魅力的なポイントは、手間をかけずに定期的な収入が得られることです。

あなたがいつも通る道にある看板を思い出してください。

その看板は、同じ店舗や会社の看板で、もう何年も掲出されているけれど、デザインは変わらない。そんな看板ではないでしょうか。

看板広告は、1度掲出してしまったら、何年も看板のデザインを変更せず、ずっと同じ。そういうものが多いのです。

そのため、看板を設置した後やるべきことは、1年に1度、お客様（広告主）に看板

広告の契約更新の意思を確認し、「年間掲出料」を請求するだけ。この「年間掲出料」というのは、看板を掲出している土地を借りている費用（年間地代）です。後で詳しく解説しますが、広告主は、あなたを経由して、土地の所有者に看板を掲出させてもらっている費用を支払います。

一般的に年間契約で、1年分をまとめて支払います。そして、「年間掲出料」は、看板広告の契約を停止しない限り、毎年請求を行います。

ちなみに先ほど「10分で2万円」という話をしましたが、看板広告の値段の付け方（値付け）はいたって簡単です（詳しくは50ページ参照）。看板を貸してくれる看板会社もしくは土地の所有者から提示された年間掲出料に、20％ほどの手数料をのせるだけでいいのです。

例えば、英会話教室の看板を出したいというお客様がいて、看板会社や土地の所有者から、「年間掲出料」を8万円で提示された場合、提示された金額に手数料の20％をのせた10万円を、あなたがお客様に請求するわけです。

この20％の手数料が、あなたの利益になります。このような看板広告を1件獲得すると、1年に1度、請求書を送るだけで、2万円の収入となります。看板広告を設置する立地や看板のサイズ、設置方法などにより、「年間掲出料」は異なりますが、このような契約が増えれば増えるほど、簡単な事務作業だけで、定期的な収入がどんどん増えていきます。そして、気づけば「月10万円の副収入を得ていた」ということもあり得ない話ではないのです。

本業が忙しくなっても数分あれば対応できてしまう事務作業。たとえ、あなたが世界一周旅行に出たとしても、海外から契約継続の確認をし、メール等で請求書を送るだけ。

それだけで収入を得ることができる「看板広告」を副業としてはじめない手はありません。

Tips 1-3

「建物」「電柱」「野立て」副業で扱う看板はこの3種

副業で扱う看板広告は3種類

すでにお伝えした通り、「看板広告」とは、店舗や会社など目的地へ道案内をする、商品やサービスなどを販促するなどの目的を果たす看板となります。本書で「看板広告」と呼んでいるものは、その中でも店舗や会社といった広告主から「年間掲出料」をもらう看板のことを言います。

ですので、例えばコンビニなら、建物の上部をぐるりと取り囲む「ローソン」という看板や駐車場の端に設置された、夜に煌々《こうこう》と光っている大きなローソンのロゴマークが入った看板などは該当しません。なぜならこれらは、コンビニの敷地内に設置してあるため、いくら看板を増やしても、年間掲出料がかからないからです。ただ、同じローソンの看板でも、店舗から100m離れたビルの壁面に設置してある「100m先ローソン」などと表示のある看板は、店舗の敷地外に設置され、「年間掲出料」がかかるため、看板広告となります。

このような看板広告は、あなたの周りにあふれています。では、看板広告にはどんな種類があるのか、一つひとつ詳しく見ていくことにしましょう。

建物看板 （詳しくは第6章で解説）

建物看板とは、端的に言うと建物についている看板です。壁面や屋上など、建物のどこに設置されていても建物看板です。

この看板広告は、**建物が密集している場所や、看板を出したい場所に空き地や駐車場などの看板を立てられる場所がない場合、建物の壁面や屋上を利用するもの**で、建物の所有者に看板掲出の交渉をし、設置ができるようになります。

[建物看板とは？]

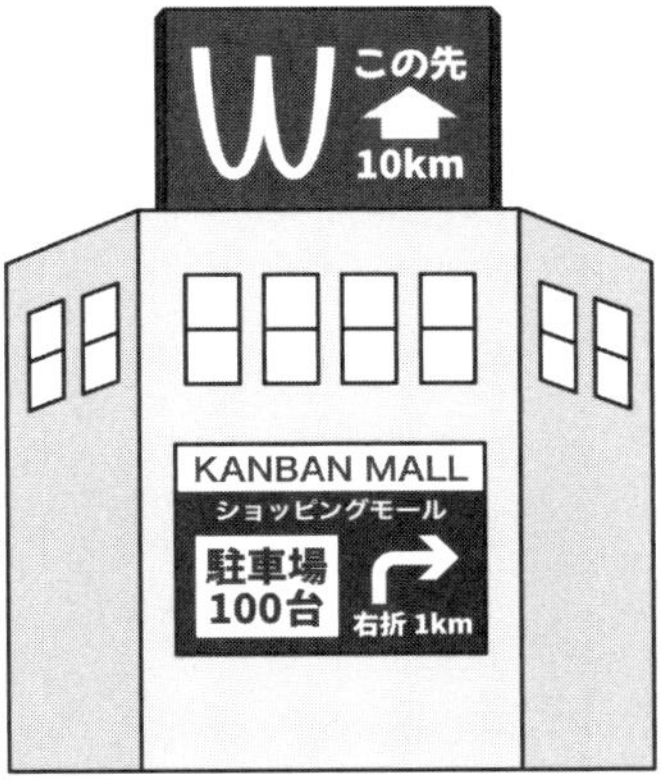

特　徴

- ビルやマンションなどの建物の壁面や屋上に設置
- デザインの自由度が高いが、看板自体は比較的安く製作できる
- 誘導やブランディング目的で使われる

ビルやマンションでは壁面もしくは屋上、一軒家などの低い建物は壁面に看板広告を掲出できます。壁面に看板を設置する際は、建物の構造などに影響のないよう、アルミ複合板などにインクジェットシート（看板印刷）の出力を貼り付け、強力な看板用両面テープやコーキング（気密・防水性に優れたシリコン系の接着剤）などで設置します。構造上、ビスなどで設置できることが確認でき、建物の所有者の許可が取れたら、しっかりとビス固定し、設置します。

と、ここではどんなふうに設置するのかを記しましたが、安心してください。このような設置場所の交渉や設置方法、看板の設置など、すべて看板のプロフェッショナルである看板会社に依頼できます。あなたが看板に関するさまざまなスキルを磨き、プロフェッショナルになる必要はありません。あなたがやるべきことは、**広告主の店舗や会社と看板のプロフェッショナルである看板会社の伝言役**です。看板会社が建物の所有者と交渉してくれた「このサイズと仕様で製作し、この位置であれば設置できます」という内容を広告主に伝えるだけでOK。

広告主が知りたいのは、どの建物のどの位置に、どのサイズの看板が設置され、どんなふうに通行者に見えるのか、そして、それがいくらなのかという部分です。この内容が広告主の要望通りであれば、契約となります。

建物看板の「年間掲出料」は、建物の所有者との交渉となります。しかも、建物看板の「年間掲出料」はアパートなどの賃貸物件や月極駐車場のように金額が公開されていません。看板面のサイズや仕様によっても金額が異なるため、公開しにくいという理由もあるでしょう。

そのため、**隣同士のビルで、看板サイズも仕様も一緒、通行者などからの見え方もほぼ変わらない状態だったとしても金額が違う場合があります。**右の建物の所有者は年間掲出料を8万円と言い、左の建物の所有者は16万円と言うこともあるのです。

これは看板広告を副業としようとする人にとって、メリットになります。なぜなら広告主が、比較材料を持ち合わせていないため、「年間掲出料」が高いか、安いかを判断しにくい状態だからです。「年間掲出料」の交渉をする時は、そのエリアの相場などを考慮し、交渉を進めますが、その**相場が広告主には分からない**ということは、建物の所有者から提示された「年間掲出料」にどれくらいの手数料を上乗せしたかも分かりません。どれくらいの儲けを上乗せしているかは知られたくないところなので、好都合というわけです。

なお、建物の壁面に掲出する看板は、アルミ複合板を貼り付けるだけなので、看板面の製作費を抑えられます。これは広告主の初期費用の負担を減らせるため、契約につながるメリットのひとつと言えるでしょう。

電柱看板（詳しくは第４章で解説）

建物に設置されている看板広告の次によく見るものとして、**「電柱を利用した看板広告（電柱看板）」**があります。みなさんも電柱に巻かれた縦長の看板や電柱から突き出した看板を見たことがあるのではないでしょうか。

電柱看板の場合は、**看板を設置したい場所に空き地や駐車場などの看板を立てられる場所がなく、そこに電柱があれば掲出の検討が可能です。**どの電柱でも看板広告が設置できるわけではなく、業者に設置できるかを確認し、ＯＫであれば掲出できます。

電柱看板のメリットは、**歩行者や運転者の目線の高さに看板を設置できる**というところです。目的地までの道案内のための看板を設置したい時に、ポイントとなる曲がり角にちょうどよく電柱があった、などということはめずらしいことではありません。近年は、美しい街並みや景観、災害時の電柱の倒壊や断線トラブルのため、無電柱化が進められ、電柱自体の本数が少なくなっているとはいえ、まだまだ街を歩けばそこら中に電

［電柱看板とは？］

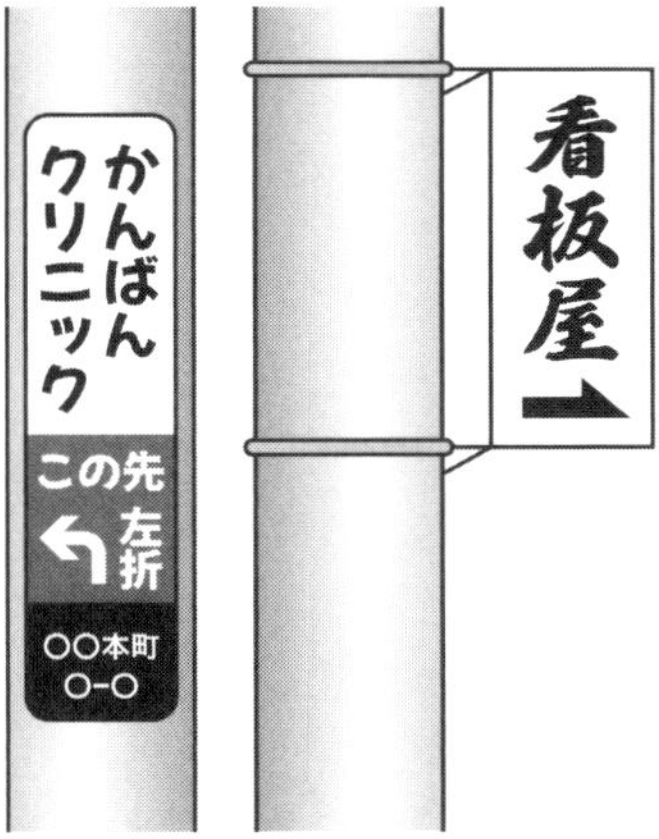

特　徴

- 街中の電柱に設置
- デザインの自由度は低いが安価に設置できる
- 主に誘導目的で使われることが多い

柱はあります。しかも、すでにある電柱を活用するため、リーズナブルな価格で設置ができるのも魅力です。

なお、**電柱によってNTTもしくは電力会社と管理する会社が異なります。これにより、電柱看板の掲出許可を確認する電柱広告の代理店も違います。**

ちなみに電柱広告の代理店には契約申し込み、設置・メンテナンスまでをお願いすることができます。

電柱看板の種類は、電柱に巻かれた「**巻看板**」と電柱から突き出した「**袖看板**」の2つです。いずれの看板もサイズや仕様などのルールが決まっています。デザインについても掲出前に事前審査が必要で、「年間掲出料」も決まっています。
設置できるサイズや仕様・金額も決まっているため、看板広告で副業をスタートしたい人が取り組みやすいのが、「電柱看板」と言えるでしょう。

野立て看板（詳しくは第5章で解説）

野立て看板は、その名の通り**「野（地面）に立っている」看板広告**です。歩行者や通行車両の多い道路沿いに設置されることが多く、ポスターサイズの小さなものから、横幅5ｍほどの大きなものまで、設置される場所によってさまざまです。イメージしやすい野立て看板としては、幹線道路を車で走っていると左右に出てくる、「イオンモールは右折１００ｍ」「この先マクドナルド」といった比較的大きな看板でしょう。地面から看板の足が伸び、設置されていれば「野立て看板」に該当します。

野立て看板は、看板面の裏に木枠や金属の枠をつけ、地面に埋め込むために足をつけます。その足を固定するために、コンクリートで基礎工事を行い、強風などで倒れないように頑丈に固定します。このように**看板製作や設置をする際、コンクリートの基礎工**

［ 野立て看板とは？ ］

特　徴

- 道路沿いや田畑などに自立型看板として設置
- デザインの自由度が高いが、設置の際の初期費用がある程度必要となる
- 誘導やブランディング目的で使われる

事や看板面裏の枠の製作などが必要なため、他の看板広告よりも設置費用が比較的高くなります。

設置場所としては、**空き地や田畑、駐車場の脇など、スペースが確保できる場所に**なります。ちなみに新幹線の窓から見える田畑にぽつんと立っている看板も野立て看板です。

この野立て看板は、建物看板や電柱看板とは異なり、サイズや形などを比較的自由に決めることができます。

比較的というのは、看板には法律や地域によって異なる条例があるので、その範囲であればという意味です。設置する看板の高さを歩行者の目線に合わせるか、車を運転している人に見せたい看板にするかなど、ターゲット別に看板のサイズや高さ、形などを変えることができます。

野立て看板の多くは、土地の所有者から看板を設置する土地の一部を貸してもらい、「年間掲出料」を払います。この「年間掲出料」は、家賃のように月々の支払いではなく、1年分の費用を一括で支払う年間契約をすることが慣例です。また、野立て看板も建物看板と同様、立地のよし悪しだけではなく、**土地の所有者によって「年間掲出料」が異なることもあります。**

もちろん、建物看板と同様に、土地の所有者への設置交渉や年間掲出料の交渉は、あなたではなく、看板会社が行います。

交渉を担う看板会社は、その地域の相場を知っているので、例えば地主が法外な「年間掲出料」を提示してきた時は、適正な価格になるよう交渉してくれる心強い味方となってくれます。

Tips 1-4

目的が販促か誘導かで選ぶ看板は変わってくる

看板の最終目的は売上拡大

ここまで看板広告のメリットやその種類を紹介してきましたが、そもそもなぜ、お客様は看板を掲出するのでしょうか。その目的は2つあります。

ひとつは、**会社、店舗、商品やサービスなどを告知するため＝「販促看板」**。

もうひとつは、**店舗や会社、施設などの目的地までスムーズにルートを案内するため＝「誘導看板」**です。

① 会社、店舗、商品やサービスなどを告知する「販促看板」

看板広告の販促看板スポットとして有名な場所と言えば、大阪の観光名所となっている道頓堀の戎橋《えびすばし》。そこにはみなさん、ご存じの「グリコ」の大きな看板が設置されています。グリコのロゴとキャッチコピー、手を挙げた男性のキャラクターだけのシンプルなデザインです。

多くの観光客が戎橋で、グリコの看板を背景にポーズをとり、写真撮影をしていきます。戎橋は一日平均約20万人、休日には約35万人が通行する場所です。観光客にグリコを周知するだけではなく、その写真を撮影した人がＳＮＳ等で拡散してくれます。**通行量が多く、目立つスポットに看板を設置することで、会社名や商品の販促につながるわけです。**このような看板を**「販促看板」**と言います。

もっと身近な例としては、大学の前に設置されている「販促看板」があります。そこには、自動車教習所、成人式の振袖、大学生専用の不動産会社など、大学生にＰＲしたい看板が並んでいます。他にも火葬場の前には墓地や墓石屋や仏壇店、リフォーム会社、遺品整理会社、大きな病院の前には、看護師募集の求人、薬局や個人医院、老人ホームなどの看板が立てられています。

ＳＮＳ広告などでも年齢や地域を限定し、ターゲットを絞ることはできますが、リアルにターゲットが集まっている場所に、継続的に販促できるのが看板広告です。メリットはその**商品やサービスを必要と感じる前から販促を開始できる**ことにあります。

今は、ネットで検索すれば、必要な情報を得ることができる時代です。運転免許が欲しいと思えば、「地域名＋自動車教習所」で検索したり、マップで「近くの自動車教習所」と入力して検索したりすると、必要な情報が見つかります。

ただ、ネット検索をする以前から、毎日通学の時に自動車教習所の看板を目にしていたらどうでしょう。免許が取りたいと思った時、毎日見ている自動車教習所をピンポイントで「○○自動車教習所」と検索することもあるでしょう。友だちと通学中に「免許を取りたいけれど、どこがいいと思う？」と話になれば「大学の前に看板がある自動車教習所は送迎ありって書いてあったよ」といったクチコミ効果も得られます。

また、ネットで自動車教習所を検索した時に「あっ、この自動車教習所、大学の前に看板があるところだ」と親近感を持ち、問い合わせや入校につながることもあるでしょう。

自動車教習所の看板を毎日見ていると、「免許くらい大学時代に取っておいたほうがいいかも」と、免許を取るつもりはなくても、そう思いはじめることもあるかもしれません。

このように、**ターゲットがその商品やサービスを必要と感じる前からアプローチを開始でき、競合相手より一歩先にブランドの印象を植えつけ、信頼感を持たせることができるのが「看板広告」です。**ＳＮＳ広告のように見てすぐに購入するといった即効性はありませんが、じわじわと効く、ボディブローのような持続的な効果が魅力です。

② 店舗や会社、施設などへのルートを案内する誘導看板

「誘導看板」は、店舗や会社、施設などの目的地までスムーズに案内することを目的としています。通行中の人や車を目的地に案内するため、目的地までのルート上で「ここを曲がる」といった場所や、「もう少しで目的地ですよ」と伝えたい場所に設置します。

例えば、駅の改札口を出ると壁面に設置されている「2番出口 目の前 ○○珈琲」の看板、主要道路を走っていると目にする電柱に巻かれた「ここを右折 ○○ジム」の看板、高速道路を降りた正面に出てくる「○○温泉 右手1㎞」といった看板も誘導看板に該当します。壁面や電柱、野立て看板など種類は問わず、誘導の目的を果たしていれば「誘

導看板」と呼びます。

誘導看板は、目的地の名称とそこまでの距離や方向を示すことが多く、文字だけの看板も多く見受けられますが、矢印や案内図と共に「次の信号を右折」「１００m先」「手前の信号を左折」などと表記されているのが一般的です。

スマホで目的地まで誘導してもらえる時代ではありますが、はじめての場所なら「この道であっているのかな？」という不安もありますし、特に大通りから１本入った場所など、分かりにくい場所に店舗や会社などがある場合に、ひと目で分かる誘導看板が、効果を発揮します。

また、目的地の店舗や会社へスムーズにたどり着くことができれば、「場所が分かりにくい」といったクレームを避けられ、顧客満足度を高めることもできます。

目的地までの道案内をしてくれれば、目的達成ですが、それ以外にも**販促や周知などの特典もついてくるのが「誘導看板」**です。極端な話をすると、「誘導看板」は競合店から顧客を誘導することだってできるのです。

あなたが、ロードサイドにあるローソンのオーナーから「最近、近くにセブン‐イレブンができてお客が減っている」という愚痴を聞いたとします。このような愚痴＝困りごとを解決すれば、看板を掲出してもらえます。例えば次のような感じです。

ローソンのオーナー「最近、手前にオープンしたセブン‐イレブンにお客さんを奪われ、売上が落ちて、困っているんだよね」

あなた「セブン‐イレブンからお客様を誘導する方法がありますよ」

と困りごとを解決できる方法を知っていることを伝える。

ローソンのオーナー「そんな方法があるなら、教えてほしい」

と興味津々であなたの話を聞く体制に入る。

あなた「セブン‐イレブンの手前に『１００m先 ローソン』という看板を出しませんか。例えば、車で走っている時に小腹がすいたので、コンビニに寄りたいと思ったとしましょう。これまでは、先に出てきたセブン‐イレブンに寄ってしまいがちでしたが、その手前に『１００m先 ローソン』という看板があるとどうでしょう」

ローソンのオーナー「どうなるの？」

あなた「ローソンが好きな人はローソンを選ぶでしょうし、家族連れで『ローソンの○○が食べたい』などとお子さんが言えば、目の前のセブン-イレブンを通り過ぎ、ローソンに向かうことでしょう。つまり、看板を設置することで、100m先にローソンがあることを周知することができるだけではなく、競合店の顧客を自らの店舗へ誘導することができるんです」

そんな話をして、誘導看板の設置で、セブン-イレブン方面からお客様を誘導できる可能性があることを伝えると、集客に悩んでいるオーナーは、「ぜひ設置したい」と心を動かされることでしょう。

さらに、看板を設置して、効果があると感じられれば、「この看板の契約を解除すると、セブン-イレブン方面からのお客様を誘導できなくなる」と不安にかられ、誘導看板を撤去できなくなるということは、よくある話です。

結果、そのオーナーは、看板の契約更新をせざるを得なくなり、毎年請求書を出すだけで、収入を得られるようになります。

Tips

1-5

看板広告は老後資金や子や孫に残す資産にもなる

ストックビジネスとしても魅力的な看板広告

看板広告を副業ではじめておくと、年を重ねた時のストックビジネス（継続的に収入が得られるビジネスモデル）としても威力を発揮してくれます。

先にも少し触れましたが、看板広告の収入でうまみがあるのが年間掲出料に上乗せする手数料です。あなたがお客様に請求する年間掲出料が10万円だとしたらその20％が手数料として、毎年あなたに入ってくるわけです（大体20％が一般的。詳しくは第2章で解説）。

このような看板広告を毎年2件ずつ契約していくとしたら、年に4万円の収入が、増えていくことになります。もしあなたが今40歳だとして、65歳までの25年間に同様の契約を増やしていけば、単純計算で、手数料４万円×25年。65歳になった時には年間１００万円の副収入を得られていることになります。

このように**定年退職するまでに看板広告の契約を少しずつ増やせば、毎年請求書を送るだけで、定期的に、しかも安定した収入が得られるようになります。**

もちろん契約した看板広告が途中で解約されることもありますが、慣れてくれば、年間2件とは言わず、5件や10件と契約数を増やしていけるのが、看板広告の魅力。しかも副業として手間をかけずに、コツコツ収入を積み重ねていくことができるのです。

毎年、継続契約を確認するのが手間だという人は、賃貸アパートなどと同様に「契約解除の場合は1ヵ月前に申し出をすること」と契約書に一文を入れておけばＯＫ。そうすれば、広告主から「契約解除」と言われるまで、収入を得ることができます。また、請求書の発行が面倒と考えれば、銀行引き落としやサブスク用の決済サービスなどを利用することもできます。そうすれば、毎年、あなたは広告主からの入金チェックをし、看板会社へ年間掲出料を支払うだけです。

年を重ねれば重ねるほど、仕事をするのがしんどくなりますが、看板広告の仕事は請求書を出すだけ。これなら70歳でも、80歳でも続けていけると思いませんか？

さらに、**あなたがコツコツと契約を増やしてきた看板広告の契約を将来、お子様たちに引き継ぐこともできます。**個人の能力に左右されるような、特殊な仕事ではないため、後世へ引き継ぎやすい点も、看板広告のメリットのひとつと言えます。

いかがでしょう。現在の収入プラスαの魅力のみならず、老後資金や子や孫に引き継ぐ資産としても魅力のある看板広告——。はじめてみたくなりましたか？

ということで、次の章では、看板広告の儲けのしくみを解説していきます。

第2章

ここだけ押さえる看板広告の儲けのしくみ

Tips

2-1

看板広告は手数料で儲けるビジネス

看板広告の儲けポイントは「初期費用」と「年間掲出料」

これまで、「年間掲出料」によるメリットを中心に紹介してきましたが、実は看板広告の儲けポイントには、**「初期費用」**と**「年間掲出料」**の2つがあります。

初期費用とは、看板を設置する時にかかる費用です。内訳は、デザイン制作費、看板製作費、看板設置費です。看板を設置した後に、**お客様（広告主）にこの「初期費用」と「年間掲出料」を請求し、2年目からは「年間掲出料」のみを請求します。**

初期費用、年間掲出料のいずれも20％程度の手数料をのせて請求するため、看板を設置した時と、契約更新をしてもらった時に儲けポイントがあります。

［初期費用請求の流れ］

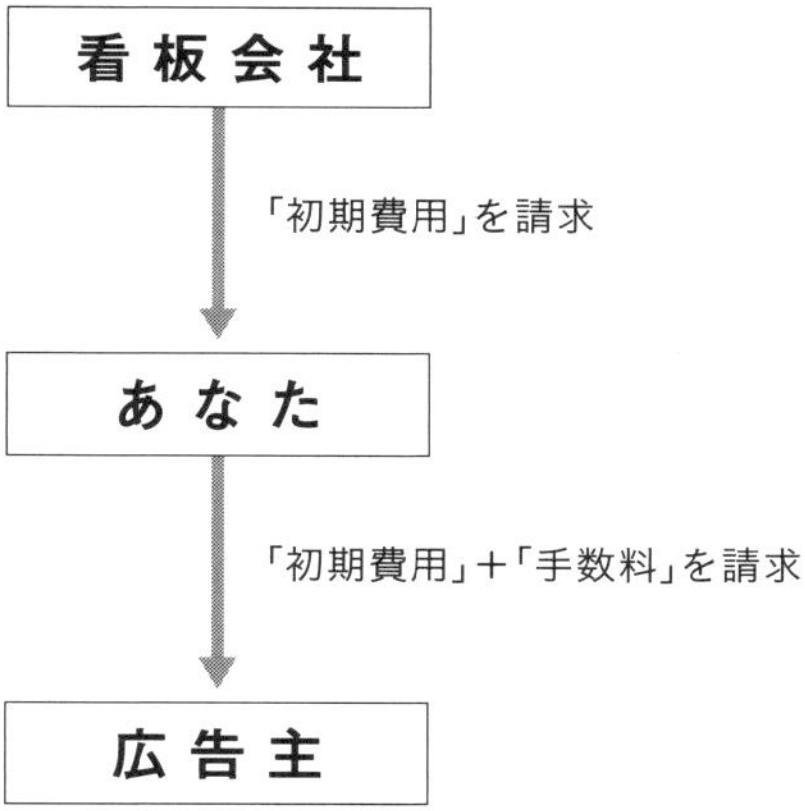

お金の流れを確認しよう

看板を新たに設置した際には、広告主に対して「初期費用」と「年間掲出料」を含む初回の請求を行います。

初期費用に関しては、看板会社が看板のサイズや仕様（タイプや形など）、デザインを加味し、あなたに見積りを提出します。あなたは**看板会社から出てきた見積りに20%程度の手数料を上乗せし、広告主に見積りを提出します。**電柱看板に関しては、初期費用についても定価が決まっているため、定価の金額を提示します。

電柱看板の場合は、この定価の中に20%

［ 年間掲出料の請求の流れ ］

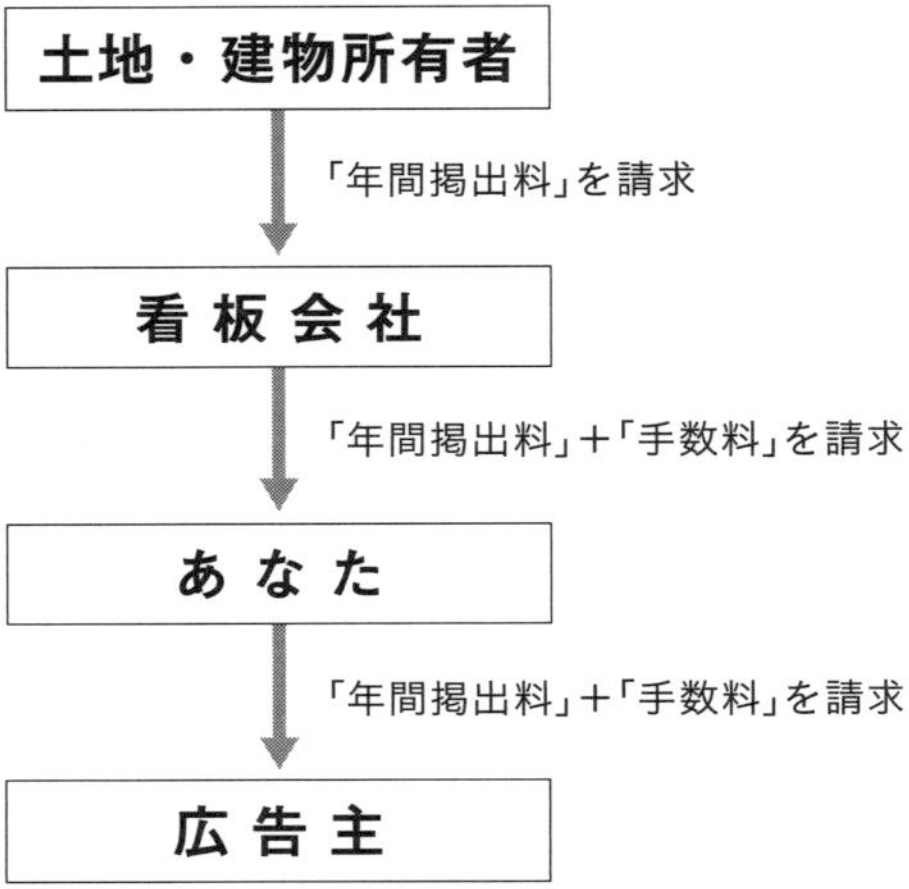

の手数料が入っています。電柱看板専門の看板会社（代理店）から20％の手数料を引いた金額で請求されるので、定価で提出しても、手数料が0円ということはないので、安心してください。定価が2万円と書いてあれば、広告主に2万円で提示しますが、看板会社から請求される金額は1万6000円となり、手数料は4000円となります。

年間掲出料は、土地や建物の所有者が提示した年間掲出料を元に算出されます。当然、看板会社もあなたも利益を手元に残さなければならないため、それぞれ請求する「年間掲出料」に手数料を上乗せします。あなたは**看板会社より提示された手数**

料込みの「年間掲出料」に、さらに20％ほどの手数料を上乗せし、広告主に請求するというフローとなります。

電柱看板の場合は、初期費用と同様に、お客様に定価を提示します。もちろん年間掲出料も、初期費用と同様に定価内に20％の手数料が含まれていますので安心してください。

このように、看板広告には、初期費用と年間掲出料共に20％ほどの手数料を上乗せし、請求をするため、儲けのポイントが2つあることになります。また、看板のサイズが大きいなど、初期費用が多くかかるものに関しては、まとまった利益を得ることができます。

ということで、次項よりこの儲けのポイントである「初期費用」と「年間掲出料」について、さらに詳しく見ていくことにしましょう。

Tips

2-2

初期費用は広告主負担だから資金がなくてもスタートできる

「デザイン費＋看板製作費＋看板設置費」は広告主負担

看板広告を設置する場合、まずは設置する看板をつくる必要があります。看板を新たに設置した時にかかる初期費用のデザイン費、看板製作費、看板設置費の作業フローを確認していきましょう。

①看板のサイズに合わせて、デザインをしてもらう

お客様（広告主）から看板に入れたい内容をヒアリングし、看板会社に伝えます。デザイン制作に必要な商品画像やロゴマークは、メールで看板会社に送ります。看板会社

からデザインを受け取り、お客様が入れてほしいと言われた文字や写真、こうしてほしいと要望があった内容が反映されているかを確認します。反映されていれば、お客様に提出します。

看板会社から届いた看板デザインを見た時に、こんなことがありました。フォント（書体）の太さや色遣いが気になり、「このまま出していいのかな？」と広告主に提出するのを躊躇してしまったのです。わたしが看板会社に「どうしてこのフォントを選んだのですか？」と聞くと「このフォントは視認性が高く、特に高齢者にも読みやすいんです」と言われました。それでも全体のバランスが悪いような気がして、納得がいかず、「もう少し柔らかい印象のデザインもお願いできますか？」とリクエストし、もう1案作成してもらいました。そして、「A案はフォントが太すぎて、おかしい感じがするのですが、参考までに提出しておきます」という文を添え、お客様に2案を提出しました。

お客様は最初のデザインA案が気に入ったようで「このフォント、目立っていいですね」と絶賛され、そのまま採用されることになりました。時間も労力もかけたのに、わたしが要望したデザインは採用されず、悲しすぎる結果となりました。

このように自らのセンスを信じると精神的にも打ち砕かれます。そして、看板会社もデザインに余計な労力がかかってしまいます。**看板会社から届いたデザインでセンスに関する部分は、あなたの想いはぐっと抑え、「一度提出してみますね」とお客様に提出しましょう。そこからお客様の要望を聞き、ブラッシュアップするほうが経験上効率がよいことが多いです。**

②お客様にデザインを提出し、修正する

看板会社がつくってくれた看板デザインをお客様に提出します。お客様から修正があれば、これを看板会社に転送し、修正してもらいます。例えばこの時、お客様から「ここを赤にしてほしい」と言われ、「赤にしたらおかしいのでは？」と思っても、素直に赤に修正し、提出しましょう。

赤にしてみれば想像以上によくなる場合や、そのアンマッチさが目立つ看板となる場合もあります。お客様も赤にしてみて「やっぱり違ったな」と思えば、「もとの色に戻してほしい」と要望があります。

経験から言わせてもらえば、「赤は合わないと思いますよ」と伝え、修正をしないでいると、お客様は「あの人はいつも要望通りに対応してくれない」と不満を持つことに

なります。**まずは、言われた通りにやってみるというのが顧客満足度を高めるポイントと思ってください。**

このように、デザインの提出、修正を繰り返し、お客様に「このデザインでお願いしますす」とＯＫをもらえたら、いよいよ看板をつくりはじめます。余談ですが「このデザインでお願いします」と言われることを、「校正作業が完了した」という業界用語で、「校了《こうりょう》」と言います。

③看板を製作する

デザインが「校了」したら、看板会社に看板を製作してもらいます。看板の仕様は見積時に了承済ですから、お客様には、どれくらいの納期になりそうかを報告しておきます。**納期は目安でもよいので、事前にお客様に伝えておくことが大切です。**伝えておかないことで「１週間経ったけど、いつ設置されるの？」といった不満たっぷりの連絡が入る場合があります。

こちらとしては「この看板は最短でも２週間はかかるものだ」と認識していても、お客様にはどんな看板が、どれくらいの期間かかるかの知識がありません。

このようなお客様の問い合わせを防ぐためにも、2週間かかるものであれば、多めの3週間くらいで設置できそうというスケジュールを伝えます。

完成日程が正確に分かり、2週間ほどで設置できそうと連絡すると、「あなたたに依頼すると、いつも早く仕上げてくれる」と印象を残すことができます。このようなことも顧客満足度を高め、次の看板依頼につながり、看板広告に興味を持っている人がいれば紹介につながります。

④看板を設置する

次は、看板会社に看板を設置してもらいます。この設置の時が看板広告について詳しく学べるチャンスでもあります。

わたしはなるべく設置現場に赴《おもむ》くようにし、「どうして基礎はこのサイズにしたのですか？」「その道具は何に使うのですか？」「設置時間はどれくらいですか？」と社会見学さながら、質問攻めしています。看板会社の方には「設置する時に来るのは、小宮さんだけだよ」と言われるほど、現場に行く人はレアですが、**現場を知れば、お客様への提案の幅も広がり、看板広告の副業がもっと楽しくなるに違いありません**（少なくともわたしはそうでした)。

看板広告の副業は知識なしではじめられるのが魅力ですが、知識が増えれば、さらに契約数を伸ばすことができます。もし、タイミングが合うならば、ぜひ設置現場に遊びに行ってみてくださいね。

⑤ 初期費用を看板会社に支払う

看板設置まで完了したら、初期費用を看板会社に支払います。初期費用と一緒に年間掲出料の請求もありますが、年間掲出料については、後ほど解説していきます。

初期費用を支払うのは看板設置後になります。あなたが月末締め、翌月末払いという支払いサイト(売上の締め日から支払いまでの期間)を決めていたとします。看板設置日は7月1日だとすると、看板会社からの初期費用の請求は7月31日、支払い日は8月31日となります。設置してから最大で2ヵ月ほど経ってから支払うことになります。

看板会社への支払いは、お客様から受け取った費用の中から行います。お客様に初期費用+手数料を上乗せしているので、必ずあなたの取り分の手数料は残ることになります。これが、看板広告の副業はリスクのない、必ず手元にお金が残る副業としてお勧めするひとつの理由でもあります。

お客様が月末締め、翌月25日払いという支払いサイトだったとすると、看板会社からあなたに請求があったように請求は7月31日、支払い日は8月25日となります。8月25日にお客様から銀行振込があれば、そのお金で看板会社に支払えばよいので、手持ち資金がなくても、支払うことができるのです。

注意点としては、看板会社とはじめての取引の時。初回取引では、前払いをお願いされる場合もありますので、支払い条件を確認しておきましょう。初回取引が初期費用などの前払いを要求されれば、同じようにお客様にも初回取引の前払いをお願いし、了承してもらえれば、円滑に支払うことができます。

手数料を20%ほど上乗せ

初期費用の値付けの方法については、これまでも何度か触れてきましたが、看板会社から出てきた見積りに対し、手数料を20%ほど上乗せします。これが最低限の手数料と考えてください。

お客様には、デザインの打ち合わせにとても時間がかかる人、何度もデザインの修正が入る人、デザインはメールで提出できるのに、わざわざプリントアウトしたものを見たいから郵送してほしいという人……と、いろいろな人がいます。**他のお客様よりスムーズに進みそうにないと感じた場合は、手数料を20%より高く設定した見積りを提出しましょう。**

慣れるまで値付けをするのは難しいものですが、時給に換算すれば、初心者でも値付けができるようになります。

具体的には、他のお客様より5時間分多くかかりそうだと予測できるお客様がいるとしたら、5時間分多い金額設定をします。あなたの基本時給を2000円で考えると、5時間×2000円＝1万円を初期費用に含めて、見積りを提出します。**あなたの時給も加味し、損しない金額で値付けすることが大事だと覚えておきましょう。**

なお、**一度決めた金額は基本的に変更しないようにしましょう。**想定していたよりも、やりとりがスムーズにいき、「初期費用に加算した金額はもらいすぎだな」と感じても、値引きはしないでください。いつも値引きができる見積り金額を提示していると勘違いされ、毎回値引きを要求されることになりかねません。これでは気が済まず、どうしてもという場合は、あなたができる何かでお返ししてあげるとよいでしょう。

どうしても値引きをしなければいけない場合は、「今回は材料が思いのほか、(看板会社が)安く仕入れられたので、今回は1万円の値引きをさせてもらいますね」「設置に3人必要と想定していたのですが、2人で十分設置できたので、少し値引きをさせてもらいますね」と正当そうな理由を必ずつけるようにしてください。

副業の場合は、本業のように儲けなくてもいいとお客様が勝手に解釈し、値引きを強要してくる人もいます。また値引きが趣味のように、毎回値引きを言ってくる人もいます。足元を見られないよう、常に強気で、断固値引きはしません、いつも適正価格で見積提出をしていますという毅然とした態度で対応しましょう。

わたしが値引きを強要された場合は、「看板会社にもう少し値引きできないか聞いてみます」とか「税理士さんに相談してみます」と言います。

値段のことなんて、税理士さんに聞いてみることではないのですが、そんな利益で販売してもいいのか聞いてみるという意味合いで使っています。実際にこんなお客様がいて、どうしたらいいかと相談することもありますが、税理士という名前は、意外と効力を発揮するので、値引きで困った時はぜひ使ってみてください。

Tips 2-3

初期費用が高額になる場合は分割払いもあり

看板は出したいけれど初期費用が準備できない

看板は掲出したいけれど、初期費用としての数十万円が準備できない、一括払いができないお客様がいたとします。

そのようなお客様には**初期費用を数年間の分割払いで対応**しましょう。具体的には年間掲出料に初期費用の分割費用を上乗せし、請求します。

例えば、初期費用が30万円＋年間掲出料が12万円の看板の場合（1月に看板設置）は次のようになります。

・**一般的な請求方法**

（1年目）1月請求　初期費用30万円＋年間掲出料12万円＝42万円請求

（2年目）1月請求　年間掲出料12万円請求

・**初期費用分割方式**（**年払い・初期費用を3年間に分割払いの場合**）

初期費用の30万円÷3年＝10万円なので、年間掲出料12万円＋初期費用分割分10万円を加算した金額を請求します。

（1年目）1月請求　初期費用分割分10万円＋年間掲出料12万円

＋分割手数料1万円＝23万円請求

（2年目）1月請求　初期費用分割分10万円＋年間掲出料12万円

＋分割手数料1万円＝23万円請求

（3年目）1月請求　初期費用分割分10万円＋年間掲出料12万円

＋分割手数料1万円＝23万円請求

分割手数料と分かりやすく書きましたが、初期費用の支払いを看板会社に先払いしているので、金利のようなイメージです。この分割手数料の計算方法ですが、看板会社に銀行からお金を借りて、支払ったら金利がいくらかかるかを考え、分割手数料を設定するとよいでしょう。

このように、**初期費用＋年間掲出料をもらうという一般的な請求方法ではなく、臨機応変な対応をすることで、契約をひとつ、またひとつと増やしていくことができます。**

分割手数料が追加されているので、最終的に分割請求のほうがたくさんの利益を得ることができます。ただし、お客様のお店や会社がその初期費用の分割支払い中にもかかわらず、倒産してしまうこともあり得ます。

ですから、このような手法をとる場合は、信頼できるお客様であったとしても、リスクがあることを認識しておくと同時に、看板会社にもお客様同様の交渉を行い、初期費用を分割で支払いとさせてもらう交渉をしてみるのもよいでしょう。

Tips

2-4

年間掲出料も受け取ったお金から支払うだけ

年間掲出料もすべて広告主負担

ここまで初期費用について解説しましたが、年間掲出料も同様にお客様（広告主）から受け取り、受け取ったお金の中から看板会社へ支払います。
では、年間掲出料のお金の流れを確認していきましょう。

初年度の年間掲出料は、初期費用と一緒にお客様に請求し、それと同様にあなたに看板会社から請求書が届きます。この時、初期費用と同様に、広告主からは広告主の支払いサイトであなたに入金があり、あなたは看板会社へあなたの支払いサイトに応じ、請求金額を支払います。

2年目からも、あなたが看板会社に先払いすることなく、お客様から入金のあったものから、支払いをすればよいだけ。資金繰りに頭を悩ませる必要はありません。このようなしくみのため、資金調達を行う必要もなく、赤字経営になるなどの不安要素はほぼないと言ってよいでしょう。

しかし、広告主とあなたが同じ月末締め、翌月末払いの支払いサイトであれば、31日に広告主から入金があり、そのお金で同じ31日に看板会社へ支払いを行うことになります。もし、その日に用事があり、広告主からの入金の有無のチェックや看板会社への振込作業ができなかった場合、支払い遅延になり、信用を失いかねません。

わたしのお客様にも何社かは、支払日が土日祝日の場合は、翌営業日に支払うという支払い条件の会社があります。31日が日曜だったため、翌営業日である、1日に支払いとなるルールです。

そうなると、あなたが31日に手持ち資金から看板会社に支払い、その後、広告主から入金があります。少額であれば対応できそうですが、年間掲出料が数十万円など、大きな金額になればなるほど、資金繰りが厳しくなります。

では、このような資金繰りの厳しさをどのように回避すればよいのでしょう。

資金繰りをラクにするための請求の工夫

例えば、看板を設置したのが7月、お客様からの年間掲出料の支払いは8月だとします。年間掲出料は7月～翌年6月までの費用を受け取っています。

通常2年目も、年間掲出料の請求は7月、広告主からの年間掲出料の支払いは8月です。このままの状態であれば、資金繰りが厳しい状況は変わりません。**その回避策が、看板の契約更新を確認した月に請求を行うという方法です。**

看板の契約更新が7月の場合、契約更新の確認を6月に行います。そのタイミングで年間掲出料も請求してしまいます。

請求書の項目には、年間掲出料（2024年7月1日～2025年6月30日）といった感じで記載します。

通常、不動産物件の賃貸だと家賃前払いが基本なので、特段指摘されることはありま

［ 資金繰りをラクにする請求方法 ］

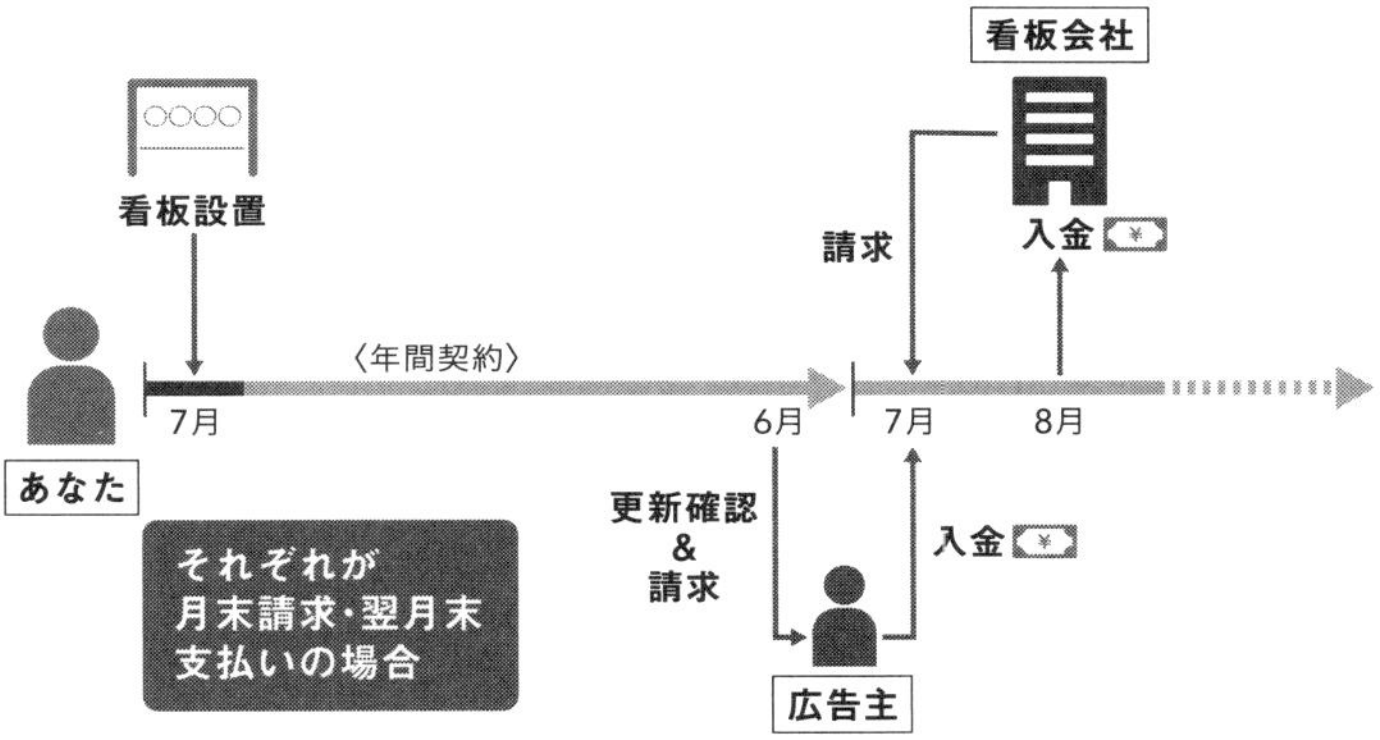

POINT 広告主への請求を更新確認月に行えばOK

せん。むしろ、経営者に看板掲出の更新確認を行った場合は、更新の確認をした月の請求書に記載されていなければ、「看板の契約更新をお願いしたのに、請求書に入っていなかったよ」と指摘を受けるほど。これで、入金と支払いに1ヵ月の猶予ができます。

なお、**年間掲出料の請求月を更新前月にするチャンスは、2年目の請求のタイミングの1回限りです。**あなたの資金繰り状況により、更新前月に請求する年もあれば、更新当月に請求する年もあると不信感が募ります。そのため、更新前月に請求をすると決めたら、2年目も3年目も一貫して、更新前月に請求をしましょう。

年に1度の請求なので忘れてしまう人も

年間掲出料は、年に1度しかお客様に請求をしません。もし、忘れてしまうと資金繰りにも影響を及ぼしかねませんので、絶対に忘れないようなしくみが必要です。

わたしは、**毎月、どのお客様が更新月で年間掲出料の請求を行い、どの看板会社にどのお客様の年間掲出料の支払いがあるのかをチェックできる一覧表を作成しています。**

一覧表は、手書きでも、エクセルでも、タスク管理のアプリでもあなたが管理しやすく、請求漏れしない方法なら、どんなものでもかまいません。それを毎月チェックしながら、請求を行い、支払いをしたかを管理することで、未請求・未払いトラブルを未然に防ぐことができます。

このような請求、支払いの管理をしておくと、看板会社から請求がないことに気づく

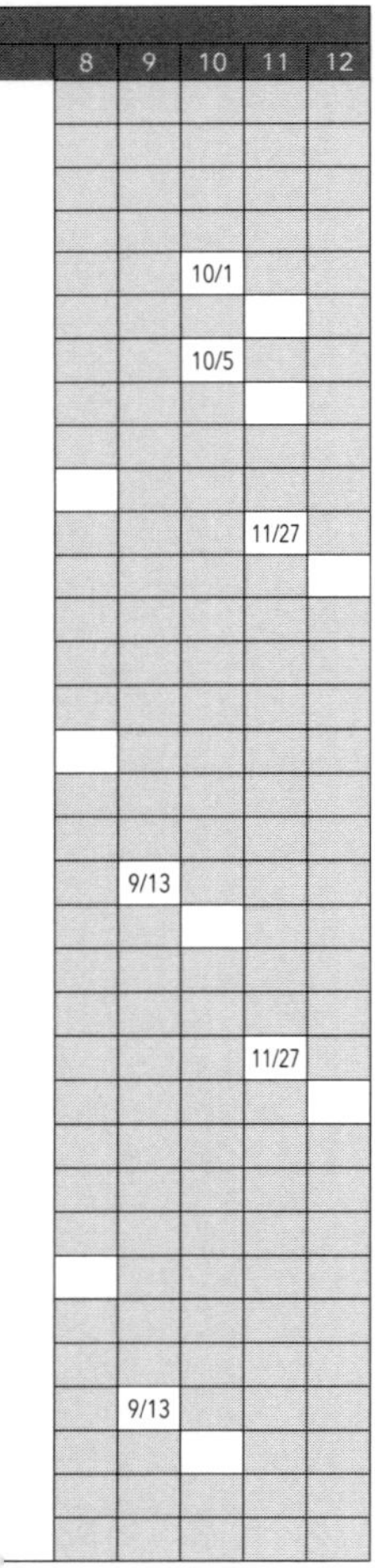

［ 年間掲出料支払い一覧表のイメージ ］

【請求】

会社名	サイクル	用途	仕入先		金額						
						1	2	3	4	5	6	7
○○エステ	年間	電柱看板	○○通信社	請	20,000	1/19						
				仕	48,000							
ラーメン○△	年間	電柱看板	○□通信	請	20,000					5/22		
				仕	48,000							
○○教室	年間	電柱看板	○○通信社	請	20,000							
				仕	48,000							
◇□工務店	年間	電柱看板	○○通信社	請	20,000							
				仕	48,000							
△○病院	年間	電柱看板	○□通信	請	20,000							7/10
				仕	48,000							
○△歯科医院	年間	野立て看板	△□看板	請	60,000							
				仕	48,000							
△○自動車学校	年間	野立て看板	△□看板	請	60,000			3/20				
				仕	48,000							
○△塾	年間	野立て看板	△□看板	請	60,000							7/8
				仕	48,000							
△○ジム	年間	野立て看板	○△サイン	請	60,000		2/22					
				仕	48,000							
○△レンタル	年間	野立て看板	△□看板	請	60,000							
				仕	48,000							
□□内科医院	年間	建物看板	△□看板	請	60,000				4/12			
				仕	48,000							
○△塾	年間	建物看板	△□看板	請	60,000							
				仕	48,000							
△○脳外科	年間	建物看板	○△サイン	請	60,000			3/20				
				仕	48,000							
△○ジム	年間	建物看板	△□看板	請	60,000							7/8
				仕	48,000							
○△建設	年間	建物看板	○△サイン	請	60,000		2/22					
				仕	48,000							
△○病院	年間	建物看板	○△サイン	請	60,000							
				仕	48,000							
□□医院	年間	建物看板	○△サイン	請	60,000				4/12			
				仕	48,000							

こともできます。「〇〇病院の看板の請求月でしたが年間掲出料の請求がきていませんよ」と連絡を入れましょう。このような連絡を入れるだけでも「請求漏れを見つけてくれて、きちんと連絡をくれる人」とよい印象が与えられます。

それだけではなく、看板会社があなたへの請求を忘れ続け、あなたも気づかなかった結果、「請求漏れがあったので、3年分を一括請求してもいいですか？」と言われると、資金繰りが厳しくなる可能性があります。請求も支払いも漏れのないよう、しっかり管理を行いましょう。

COLUMN

#01

忘れていた4年分の年間掲出料を一気に請求した結果……

請求については、過去にこんな話を聞いたことがあります。

お客様に年間掲出料を請求しなければならない会社が、請求を4年間も忘れてしまい、お客様が激怒したという話です。

そのお客様は、年間掲出料が3万円ほどの場所へ看板を掲出していました。もちろん、お客様も「看板掲出料の請求がきていない」と気づき、連絡をすればよかったのですが、双方気づかず、4年間が経過——。

請求し忘れ、4年。担当者がそのことに気づき、一括請求したそうです。

4年分と言えば、年間掲出料3万円でも3万円×4年＝12万円となります。一括で払えと言われると、イラッとする金額です。もちろん担当者もお客様にこの金額を一括請求すると連絡すると怒られるのは分かっています。

それが怖くて、4年分の年間掲出料の請求書を郵送したそうです。丁寧に請求漏れをしていた手紙を添えていたそうですが、お客様は案の定、激怒です。

「そちらのミスで請求し忘れていたのに、何も連絡なく、一括請求してくるなんて！」

あなたでも激怒しますよね。このような場合は、お客様の元へ出向き、事情を説明するべきだったとわたしは思います。請求漏れを謝罪し、支払い方法をお客様と相談すれば穏便に済んでいたのかもしれません。

本来、看板広告は一度契約したら、「年間掲出料を他社から請求に」なんて変更はできません。しかし、お客様の逆鱗に触れ、同じ掲出場所でありながら他に契約先を変更したようです。

資金繰りの面だけではなく、このようなトラブルを引き起こさないためにも、毎月の管理はとても大切だということです。

第3章

ど素人でもできる！看板広告のはじめ方

Tips

3-1

まずは「副業名刺」の準備からはじめよう

副業開始に必須の情報は名刺に詰まっている

副業を開始する時に必須の情報は、名刺に詰まっているとわたしは考えています。ですので、看板広告の副業も名刺づくりからはじめてみましょう。

名刺に入っているのは、屋号（個人事業主がビジネスで使用する名称。会社でいう会社名）と氏名、住所、電話番号、メールアドレスといったところでしょうか。

知り合いに「看板広告の副業をはじめました」と名刺を渡すところをイメージしてみてください。

「この屋号ってどういう意味？」とか、「ここに事務所があるの？」「看板プランナー（肩書）ってどうやってはじめるの？」といった質問がくるような情報を詰め込んでおくと会話が弾むと思いませんか？

ということで、まずは、語れる屋号を決めましょう。

屋号は絶対につけなければいけないものではありませんが、これを入れておくと渡された人は9割は興味を持ってくれます。しかも、**屋号をつけると、ひとりでやっていたとしても「代表」という役職をつけられるので、「従業員がいそう」「手広くやっているんだ」といった印象を与えることもできます。**

わたしの屋号は「ひらり宣伝社」です。

この由来を話すと長くなるのですが、起業をする前に、タウン情報誌に毎月1ページの山ガールコラムを書いていました。コラムの執筆依頼があった時、本名で書くのは恥ずかしく、ペンネームに「ひらり」を使っていました。

会社員時代に雑談でカメラマンと一緒に屋号を考えた時、本名よりも認知されていたのがペンネームの「ひらり」だったので、「ひらり」をつけました。「どうしてひらりなの？」と聞かれれば、このように屋号にした理由を語れます。

営業が苦手な人でも、名刺を渡すだけでお客様が質問してくれれば、それに答えることで会話が弾みます。

ですから、**つけるならお客様が質問したくなる屋号がおすすめです。**

ただ、質問されるといっても、難しい漢字で読み方が分からないといったものや、分かりにくい英単語で「読みにくい」「理解しにくい」と質問されるものは避けましょう。

また、**何をしている人なのかが分かりやすい屋号をつけることも大事です。**「宣伝社」は「広告」より古きよき言葉に聞こえ、どの年代でも分かりやすい業種を表す「宣伝」を用いました。看板広告であれば、「サイン」「看板」といった名称をつけても分かりやすいですね。

日本語で分かりやすい単語を組み合わせた屋号にすれば、電話で伝えやすく、レジで領収書を書いてもらう際にも非常に便利です。

知り合いのデザイナーで、「なんだか、つけそびれて」と個人事業主として10年以上経過した今でも屋号がない人もいます。その人の場合は、名刺には名前をフルネームで書き、「デザイナー・ライター」という肩書を入れています。

まずは副業をスタートすることが大切です。屋号を悩みすぎて時間がかかってしまうなら、名刺には「看板プランナー」などの肩書を掲載しておき、1契約をとるところからスタートするとよいでしょう。

住所は自宅が嫌ならバーチャルオフィスで

住所もコミュニケーションをとるきっかけとなります。住所を見て、お客様はあなたとの共通点を探しはじめます。

「この住所ということは、〇〇小学校？」「ここが地元なの？」「この近くに友だちがいてさ」といった感じに、どんどん話が広がります。

共通点が見つかれば、「地元が同じだし、お願いしようかな」と契約にどんどん近づいていくこともあります。

個人事業主やひとり社長の場合は、自宅を知られたくないと書かない人もいますが、このような会話に発展しないだけではなく、信用に欠けてしまいます。

出会ったばかりの人であれば、何か書けない事情があるのではないか、だまされているのではないかとも感じてしまうかもしれません。

自分の住所を書きたくない場合は、住所を登録できるバーチャルオフィスを利用する方法があります。

名刺交換をした時に銀座の住所が書いてあるとどうでしょう?

「えっ、銀座に事務所があるのですか?」

とインパクトを与えられれば、記憶に残ります。記憶に残るだけではなく、ひとりで副業しているにもかかわらず、「この間来た看板広告の人、銀座に事務所があるみたい」「どれくらいの人数で仕事をしているんだろうね」と事業規模を大きく見せ、信頼感を生み出すこともできます。

わたしもびっくりしたのですが、銀座に月額1000円程度で住所登録でき、郵便物も即日転送してもらえるバーチャルオフィスがあるとか。それくらいの費用で信頼が勝ち取れ、仕事の依頼をしてもらえるなら検討の余地はあると思います。

電話は携帯電話を記載、メールはフリーメールでOK

最近は電話をかけず、メール等でコミュニケーションをとる場合も多くなっています

［副業名刺の記載ポイント］

肩書
看板プランナーなど、分かりやすいものがおすすめ

屋号
読みやすく、仕事内容が分かり、話題にのぼりやすいものがベスト

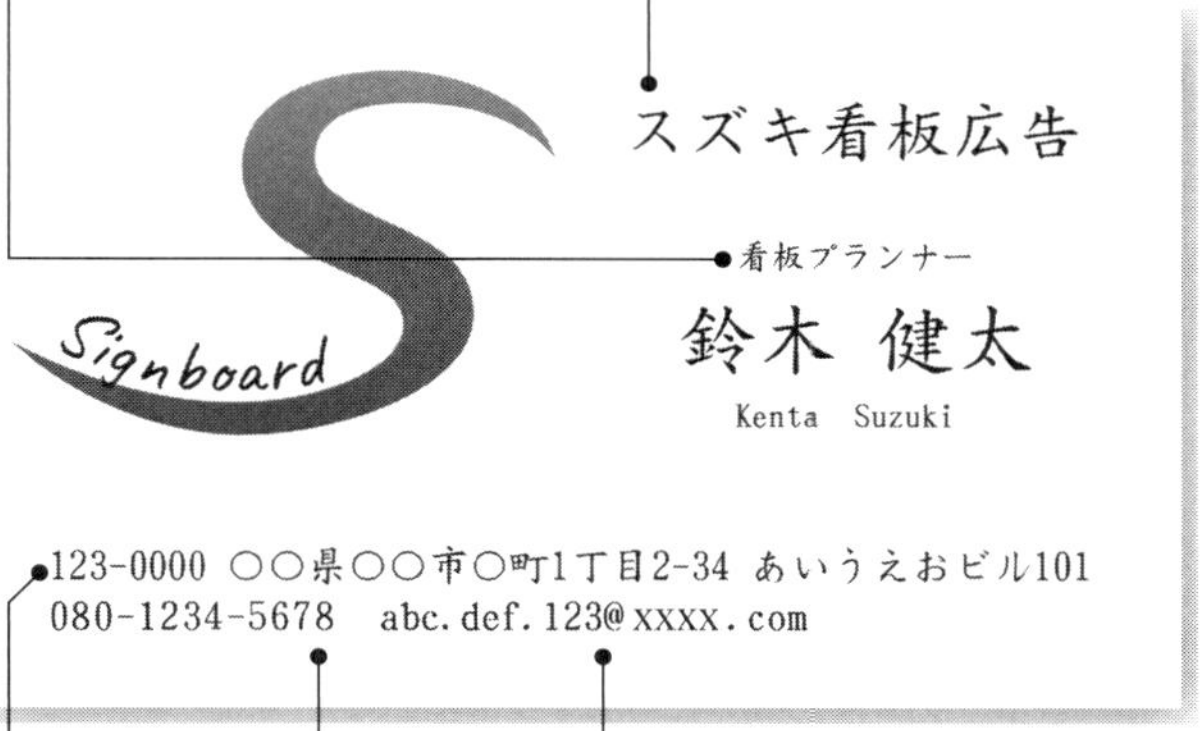

電話番号
固定電話でなくて携帯電話でOK。本業と分けたい場合は副業用に用意するのがGood

メールアドレス
連絡方法で一番使う。わざわざドメインを取る必要はなくフリーメールで十分

住所
コミュニケーションや信用面の観点からも記載がGood。自宅を知られたくない場合はバーチャルオフィスを利用

が、電話番号は名刺に掲載しておきましょう。固定電話やＦＡＸは必要ありません。現在使用中の携帯電話の番号で問題ありませんが、本業就業中に副業の連絡があると困る、個人の電話番号を知られたくないという場合は、新しく取得しましょう。ネット検索をすると、初期費用無料で、電話番号が取得できるサービスなども出ています。

わたしは開業して8年ほど経ちますが、固定電話やＦＡＸがないからと、困ったことはありません。ＦＡＸで送りたいと言われたことは一度だけです。70代の社長で、商品を注文する際に、「ＦＡＸで注文書を送りたいんだけど、ＦＡＸ番号教えて」と連絡がありましたが、ＦＡＸがないことを伝えるとショートメールで注文が届くようになりました。ＦＡＸがなければ代案を考えて、送ってきてくれるので問題ありません。どうしても必要な場合はインターネットＦＡＸを活用できます。

連絡する際に、重要なのがメールアドレス。とはいえ、独自ドメインのものは必要なく、フリーメールで十分です。わたしもフリーメールを使っていますが、お客様や取引先に指摘されたこともなければ、話題になったこともありません。

電話番号とメールアドレスに関しては、必須事項です。書いていなければ「今後どうやって連絡したらよいですか」と聞かれることはあっても、特段何か話題が広がることもないので、名刺に書いてあれば、それで十分です。

このように名刺に入れる項目を詰めていき、デザイナーに名刺をつくってもらえば、副業への一歩を踏み出せます。

とはいえ、あまりにも考えすぎると、副業スタートの時期が遅れます。不安にかられ、バーチャルオフィスを契約したり、電話番号を取得したりすると月額費用がコストとしてのしかかってくるばかりです。

ですから、まずは費用をかけず、名刺をつくり、副業での看板広告の1契約を取得してからじっくり考えても遅くはありません。営業をしなくても会話が弾む名刺、あなた自身が渡したくなるような名刺をつくってみてください。

なお、名刺はデジタル名刺で十分という方もいますが、まだまだいろいろな年代の人がいます。名刺があるだけで、身分証明にもなり、安心感を与えられます。会話を広げるコミュニケーションツールとしても、名刺をつくり、持参するようにしましょう。

Tips

3-2

副業用の銀行口座とクレジットカードをつくろう

名刺に入っている項目以外で副業に必要なもの

看板広告の副業をはじめる場合、名刺以外に必要となってくるのが見積書と請求書。見積書は、名刺に書かれている内容で提出することができますが、看板の契約後、初期費用や年間掲出料を請求するのに必要となるのが請求書です。これには銀行口座を書かなければなりません。

銀行口座は、副業専用の個人名義の口座を準備し、持っているクレジットカードのうち、1枚を副業専用のクレジットカードとして使用できるよう準備しましょう。

収入や支払いのすべてをその口座で管理することで、副業で儲かっているのか、儲かっていないのかがひと目で分かり、便利です。

「個人名義」の銀行口座を準備することと書きましたが、それは屋号で銀行口座をつくることがたやすいことではないためです。「屋号＋個人名」の銀行口座をつくることは可能ですが、開設できる銀行が限られ、手続きに時間がかかり、口座開設の書類準備も大変です。また、税務署に開業届を提出した後にしか屋号付きの銀行口座はつくることができません。

三菱ＵＦＪ銀行やみずほ銀行などのメガバンクは屋号付きの口座を開設できますと口座開設の案内に書いてはありますが、ＷＥＢサイトがないといけない、あの書類も提出してほしいなど、副業開始当時は口座開設不可能といっても過言ではありません。

どうしても、「屋号＋個人名」の口座をつくりたければ、信用金庫やネット銀行が比較的スムーズに開設できます。

個人事業主の場合は、個人名義の銀行口座で対応しても、ほぼデメリットはありません。信用度は違いますが、請求書を出し、銀行振り込みをしてもらう段階になって、「個人名義の銀行口座だったから契約を解除したい」なんて、過去一度も聞いたことがあり

ません。屋号入りの銀行口座は必要性を感じたらつくればよいのです。

この副業専用と決めた口座から看板会社への支払いを行います。その他、副業のために購入するパソコン、プリンター、事務用品、さらには交通費などをこの口座から支払うため、副業専用のクレジットカードを使います。

手元にあるクレジットカードの中から、これは副業専用に使うと決めてしまえば、それが副業用のクレジットカードです。副業の場合、年間の利益が20万円を超えると確定申告が必要となります。副業用の個人口座から引き落としがかかるようにしておけば、口座を見ただけで、確定申告が必要かどうかなども判断しやすくなるでしょう。

これだけ決まってくれば、後は支払いサイトを決めるだけ。いつ請求書を締め、いつ支払うのかというルールです。看板会社に依頼をした場合、この支払いサイトを聞かれます。**一般的な支払サイトは月末締め、翌月末払いです。月単位で管理がしやすいため、この支払サイトを使いましょう。**

このようなことが整えば、いつでも看板広告の副業をスタートできます。

Tips 3-3

看板広告の副業は「知っているエリア」ではじめよう

知り合いや紹介で看板会社を見つける

看板広告の副業をはじめるなら、**まずは住み慣れた地域や普段仕事をしている地域など、地理や人の流れをある程度把握している、土地勘のあるエリアからスタートするのが最適**です。

このようなエリアであれば、地域の知り合いやお客様とのつながりも強く、「副業で看板広告をはじめました」と名刺を差し出すだけで、副業開始のお祝いとして注文をくれる知り合いやお客様もいます。

例えば、地元の商店街で顔見知りの店主からは「うちの店、場所が分かりにくいから大通りに看板を出したかったんだ」と話があった時に、人の流れが分かっているから「駅から歩いてくるお客様が多いから、その方たちに見える場所に看板を設置するのがよいですね」と、看板会社に最適な看板の場所を確認する前に、その場で設置場所を提案できます。**あなたがよく知っているエリアあれば、ひとつ目の契約を獲得しやすいだけではなく、たとえ看板の知識がなくとも、スムーズな会話ができます。**

ただ、営業の際に会話が弾んでも看板会社の相談先が決まっていない状態でスタートすると、「誰に相談すればいいのか」と不安に感じる人もいるかもしれません。ですから、先に相談できる看板会社の目星はつけておきましょう。目星をつけておくだけで、オファーがあった時に「誰に相談したらいいだろう」という不安から解放されます。

顔が広い知り合いがいれば、「看板広告の副業をはじめるんだよね」と雑談程度に話しておくのもお勧めです。もともとの知り合いや知り合いが紹介してくれる看板会社であれば、あなたと同じ仕事のやり方や考え方の場合が多く、力強い味方になってくれます。また、該当エリアでの信頼関係も築きやすくなります。

看板会社を広告主から紹介してもらう方法もある

住み慣れた地域や普段仕事をしているエリアで看板広告の副業をはじめようとしているのなら、すでに看板を掲出している会社から看板会社を紹介してもらう方法があります。例えば、**国道沿いに目立つ看板を出している店舗や会社のオーナーに、「国道沿いの看板ってどこの看板会社に頼んでいますか？」と尋ねるだけで、信頼できる看板会社を見つけることができます。**

看板会社を探す時に、ある商業施設の支店長に電話したことがありました。

その時は、お客様から「この地域に看板を設置したいけど、提案してもらえる？」とオファーをもらっていたのですが、その地域に付き合いのある看板会社がなく、Googleマップのストリートビューで見ていると、以前お付き合いのあった商業施設の野立て看板が出てきました。

「あっ、ここの支店長の連絡先知っている」と思い、すぐに連絡を入れました。

数年ぶりの連絡で緊張しましたが、事情を話すと「うちも最初はどの看板会社に頼んでいいか分からなくて、紹介してもらったんだ」と、快く看板会社を紹介してくれました。たとえ、付き合いが深くなくても、役に立つことがあるならと情報提供してくれるものです。紹介してもらった看板会社に連絡を入れると「あ〜、そこの支店長に紹介してもらったんだね。支店長、元気にしてた？」と以前から付き合いがあったかのように、会話がはじまりました。**紹介というのは、誰かワンクッション入るだけですが、こんなにも急接近できるものなのです。**結果、要望通りの資料提供をしてもらうことができ、お客様に最適な看板を提案することができました。

このように、看板会社を見つける際には、既存のつながりや紹介が非常に有効です。紹介者が一報を入れてくれなくても、紹介者の名前を出すだけで、お互いの距離がぐっと縮まり、信頼感があります。

副業をはじめる際には、このような人間関係を積極的に活用することで、よりスムーズにスタートを切ることができます。

ネットやマップ検索で見つける

ツテやあてがない場合、店舗や会社から看板を掲出したいとオファーをもらった時に相談できそうな、近隣の看板会社をネットやGoogleマップで検索しておきます。

相談する看板会社を見極めるポイントは、地域密着型で、看板設置場所調査、デザイン制作、看板製作、看板設置やメンテナンスまで一貫して看板業務を担っているところです。

小回りが利く、数名程度の小規模看板会社であれば、営業力が弱い場合も多く、あなたが副業で広告主を探す役割を担ってくれ、看板製作や設置が多くできるようになるのであれば、「売上が上がる」と広告主獲得をサポートしてくれます。

知識のないあなたに情報をたっぷり提供してくれ、対等な立場、チームのような関係性で広告主を獲得していくことができます。

電柱看板の場合は、業者が決まっているので、ネットで検索し、ここに連絡すればいいという目星だけつけておきましょう。

COLUMN

#02

看板会社に連絡するのは、見込み顧客ができてから

看板会社に連絡するのは、見込み顧客ができてからがベストです。

これはレアケースですが、わたしが広告代理店で、各地の看板広告を担当しているため、知り合いから「愛知県の看板会社の知り合いがいるから、紹介してあげるよ」と連絡がありました。

「直近で案件はないけれど、将来のためにどんなエリアやどんな看板が得意なのか聞いておこう」と紹介してもらうことにしました。

オンラインで打ち合わせすることが決まり、看板会社から日時指定がありました。当日、10分経っても、20分経ってもログインしてくれません。連絡を入れても無反応です。それから40分後、「お客様対応で遅くなりました」と連絡がありました。

こちらも、もう次の打合せが迫り、せっかく紹介してもらったのに、話を聞くことができませんでした。

このように、案件が発生していない広告代理店と将来のために打ち合わせするよりも、

目の前のお客様、直近の売上が大切です。このような考え方の会社とはお付き合いしたくないですが、これが現実なのです。

あなたが看板広告の案件を持って、看板会社に連絡をすれば、真剣に対応してくれます。だからこそ、目星をつけておくだけでいいのです。①看板会社に目星をつけておく、②広告主を見つける、③目星をつけていた看板会社に相談する、という順に仕事を進めていきます。そうすれば、あなたも具体的に要望を伝えることができ、看板会社は資料や見積りを提出できます。

また、紹介してもらったのに、結局仕事を頼めていないとなると、紹介した人も「いつもあの人に紹介しても仕事の依頼をしてくれたことがない」と、また何かで人を紹介してほしい時などに協力してもらえなくなります。このようなことを考えると、「工務店の野立て看板について相談したい」といった具体的な案件を見つけてから紹介してもらい、連絡を取り合ったほうがお互い気持ちよく対応できるというものです。

Tips

3-4

はじめてお客様を見つける時のポイント

まずは誘導看板の契約を獲得しよう

看板広告には「販促看板」と「誘導看板」の2つがありますが、**お客様の問題解決をしやすいため契約につながりやすく、継続した契約になりやすいのは「誘導看板」です。**手始めによく行く店舗や知り合いの店舗などの住所をGoogleマップなどで検索し、誘導看板を設置したいと考えていそうなお客様（知り合い、顔見知り）がいないかを探してみるとよいでしょう。誘導看板を設置したいと考えそうなお客様を探すポイントは次の2点です。

【ポイント1】人目につきにくい、分かりにくい店舗

車での来店であれば、主要道路沿いに面していない店舗、1本入った場所にあるような店舗が該当します。徒歩の来店であったとしても、表通りから細い路地に入った先にある、いわゆる路地裏の店舗です。

　また、表通りに面している人通りが多い場所であっても、地下や2階以上、奥まった場所にあるような店舗であれば、「誘導看板」を設置する可能性が高いと言えるでしょう。

　例えば、住宅地にある美容院や自宅でやっているエステサロン（下図を参照）であ

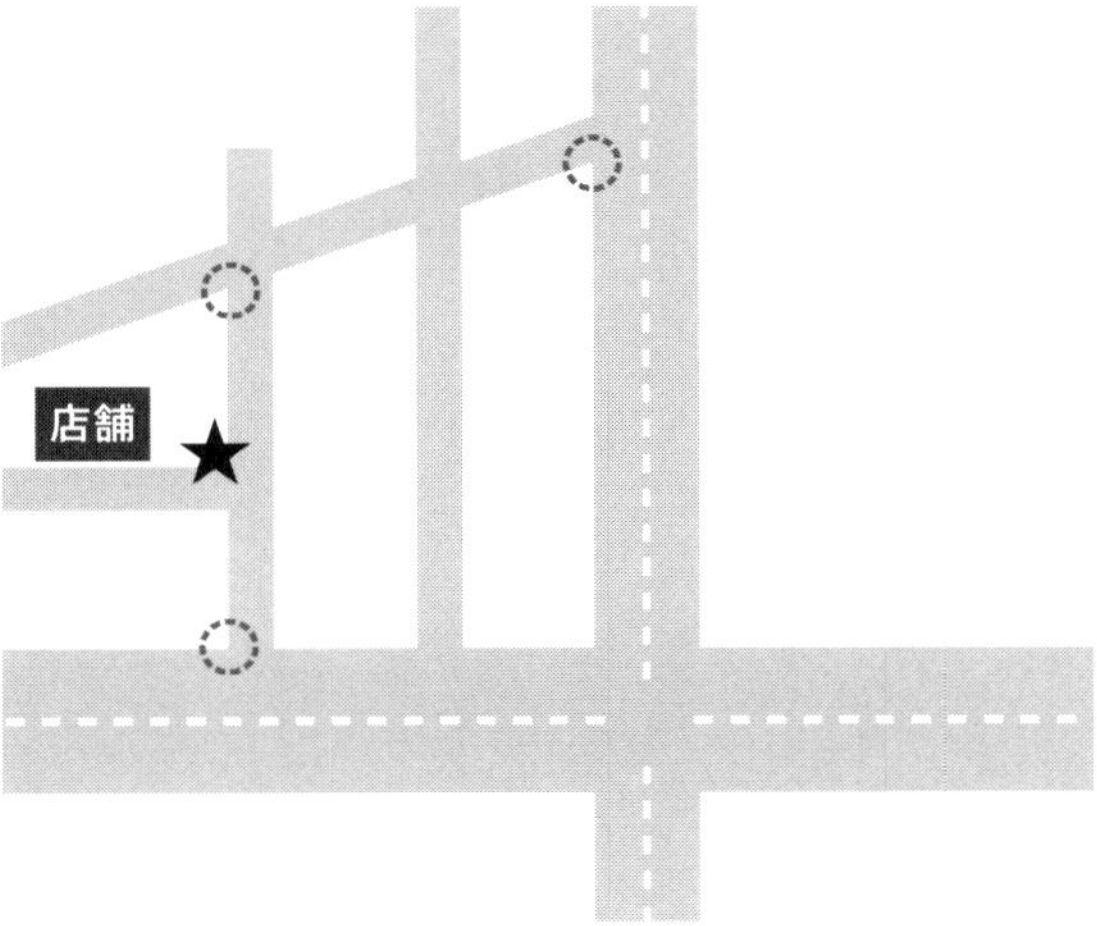

れば、店舗が細い路地にあるため、路地の入口である★印のところに誘導看板を立てると店舗への誘導ができるようになります。この★印の位置へ大通りから誘導するために、〇印の位置へも誘導看板を設置してくれる可能性があります。

このような店舗を見つけたら、さっそくアポを取ります。アポを取ろうとする先が、知り合いの店舗やよく行く店舗でなければ、知り合いの知り合いでもよいので何かしらのツテをたどって、アポイントを取ってみましょう。自分がよく知るエリアで、看板広告の副業をはじめてみましょうというのもそのためです。

アポが上手く取れたら、初回訪問です。この際、誘導看板などの手持ち資料は準備する必要はありません。**初回訪問の目的は、お客様の困りごとを聞き出し、それを解決するのが「誘導看板」ということを伝えるだけです。**

店舗に伺い、次のような話をしてみましょう。

「Googleマップを見ながら来たのですが迷っちゃいました」

「同じような曲がり角が続くので、1本間違えてしまいました」

もともと分かりづらい場所にある店舗を探してアポを入れているわけですから、この

ように、店舗の場所が分かりにくかったという話をすると

「そうなんだよ、分かりにくいでしょ？　よく迷って、電話がかかってくるんだけど、接客中だったり、作業していたりすると結構辛いんだよね」

というような不満が出てくることがあります。こうした話が出てきたら、誘導看板設置の可能性は急激に高まります。

看板を設置したいという直接的な話は出ていませんが、困っていることを聞き出すことができたので、その解決策が「誘導看板」の設置であることをそれとなく伝えます。

「路地に入るところに、ここを曲がるみたいな看板を出したら、電話がかかってこなくなりそうですね。あそこが一番迷いますもんね」と伝えるだけで、「あっ、看板を出せば電話がかかってこなくなるのか」ということに気づいてくれます。

「あそこだと電柱があるから、月に数千円で電柱看板が出せるかもしれませんね」というところまで話すと、月に数千円で問題解決ができるならと身を乗り出して、話を聞いてくれるようになります。

興味を持ってもらったところで「副業で看板広告の仕事をはじめたので、確認してみましょうか？」と聞くと、あっという間に見込み客となります。

実際にこんなに上手くいくとは限りませんが、**困っていることや悩んでいることが解決できるとなると人はお金を出すものです。**

過去に広告を出したくない、隠れ家的な店舗でいいと思っていたお客様も「誘導看板にそんな効果があるんだったら出してみたい」と契約につながったこともあります。

[ポイント2] 競合店が近隣にある店舗

競合店が近隣にあるような店舗も狙い目です。

例えば、大通り沿いにあるラーメン店A、路地に入った先にあるラーメン店B、いずれも駅から徒歩圏内でほぼ同じ距離です(次ページ下図参照)。大通りに面しているラーメン店Aのほうが繁盛していますが、味はラーメン店Bのほうが高評価です。このような店舗は、大通りから曲がったところにラーメン店があると知られていないだけで、売上格差が出ている可能性があります。こんな時にも誘導看板が力を発揮します。ラーメン店Bの店主にはこんな話をしましょう。

「僕はこっちのラーメンのほうが美味しくて好きなのに、ラーメン店Aのほうが繁盛していて、悔しいですね」

　このように競合のラーメン店Aよりおいしくて、集客できそうという話をして、

「そうなんだよね、大通り沿いだと通りがかりの人も入るけど、ここは、こっちにラーメン店があると知らないと来ないからね。一度食べてもらえばリピーターになってくれるんだけどね」

　というような悩みが聞けたらしめたものです。ラーメンを食べたいという人はこの周辺にたくさんいることはラーメン店Aが繁盛していることから分かります。

　後は、その人たちをいかに、ラーメン店

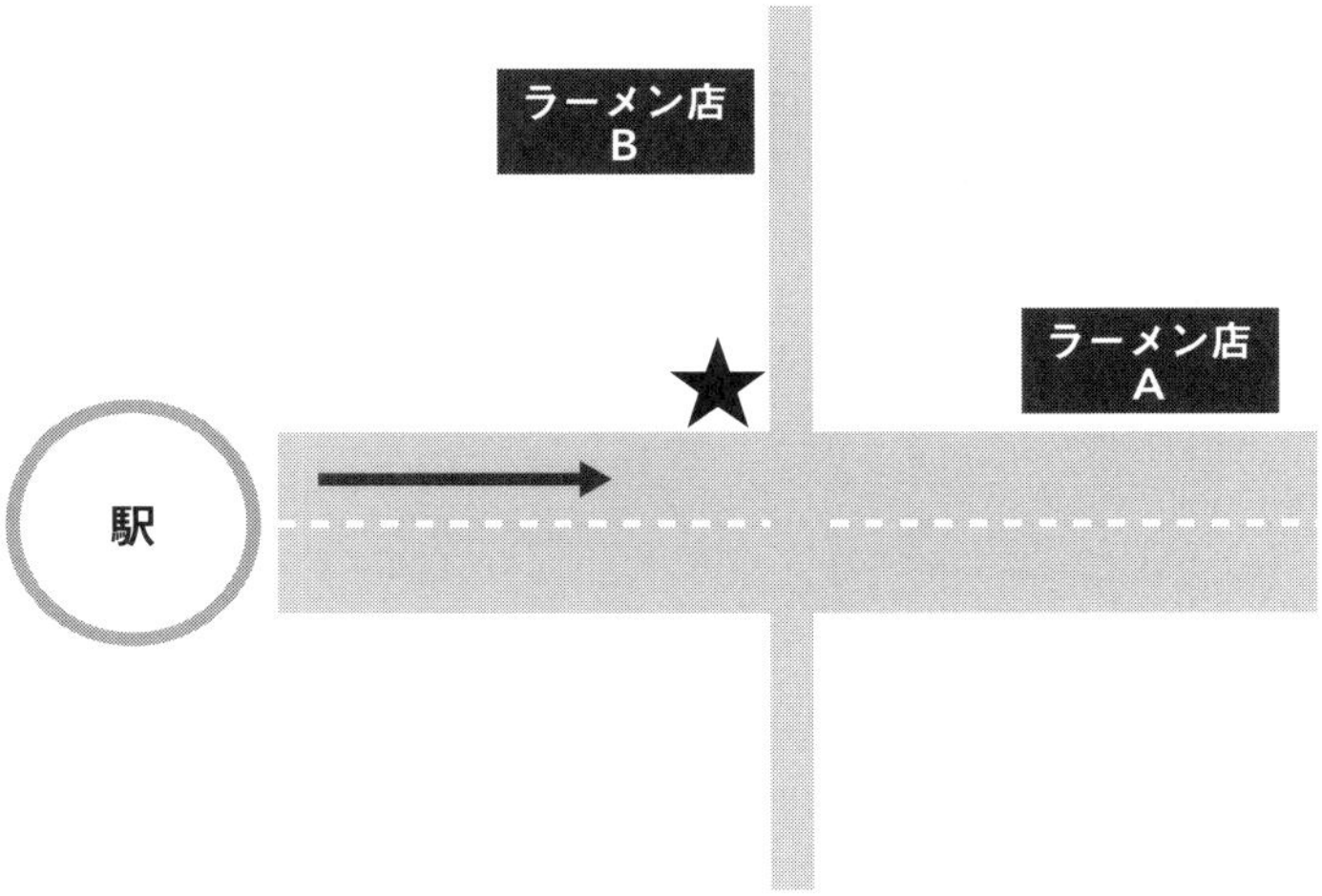

Bに誘導するかです。

「駅から来る人が多いんだから、ラーメン店Aの手前の曲がり角に看板を出したら、ラーメン店Aに気づく前にお客様を誘導できそうですね」と競合店を発見する前に、ラーメン店Bに誘導できるチャンスがあることを伝えます。

そうすれば店主は「看板があればラーメン店Aより先にうちに気づいてくれるな」と、はっとさせられます。

競合店から誘導する方法には気づけたけれど、誰に頼めば……と悩んでいるところに「最近、副業で看板広告の仕事をしているので、いくらくらいかかるか聞いてみますね」と伝えると、ぱっと顔が晴れ、ワクワクしている店主の顔。

すでに集客ができると分かっている場所であれば、看板を出すことで確実に売上は上がります。もし、その店主が「いや〜、看板をつけたら、お客さんが増えたよ」と看板の効果を体感してくれたとしたら、そのことを他店の店主にも伝え、「あそこの店も寄ってやってよ。看板つけたいって言っててさ」と、お客様を紹介してもらえるようにもなります。

このように、まずは知り合いやよく行く店舗などの顔見知りから副業拡大をしていくのがおすすめです。ただ、こうした話ができる人がいないという人も多いでしょう。そんな時はここで話したようなポイントを足掛かりに、困っていそうな店舗を地図とにらめっこしながらできるだけ多くピックアップして、ＤＭ（ダイレクトメール）を送るようにしましょう。

初心者が看板広告の副業をはじめる際のポイントおさらい

●誘導看板からはじめる

●困っていそうな店舗を地図から探す

【困っていそうな店舗のポイント①】

人目につきにくい、分かりにくい店舗……車での来店であれば、主要道路沿いに面していない店舗、１本入った場所にあるような店舗。徒歩の来店であれば、表通りから細い路地に入った先にある、いわゆる路地裏の店舗。また、表通りに面している場所であっても、地下や2階以上、奥まった場所にあるような店舗。

【困っていそうな店舗のポイント②】

競合店が近隣にある店舗……立地が同条件のライバル店が近くにあり、知られていないだけで、売上格差が出ている店舗。

COLUMN

#03

知り合いゼロからのお客様の見つけ方

わたしは夫が転勤族で、起業したのは愛知県岡崎市在住の時でした。起業したきっかけになったお客様は他県にはいましたが、愛知県には知り合いや友だちもおらず、近所の付き合いもありませんでした。

そこからどうやって、愛知県のお客様を広げていったのかというと、「名古屋中青色申告会」という愛知県名古屋市にある確定申告のサポート団体が起点となりました。「青色申告会」は一部地域を除き、全国各地にある団体で、副業で確定申告を行う際にもサポートをしてもらえます。

わたしが、どうしてこの団体に出会ったかというと、起業当初、確定申告の仕方が分からず、教えてくれるところはないかなとネット検索して、たまたま講座を開催していたのがこの団体だったのです。仕事のつながりが欲しいと講座に参加したのではなく、ただ単純に受講をしに行ったわけです。

よくセミナーで一番前の席に座るとか、質問するとか、セミナー受講で目立つ方法やつながりをつくる方法を見たり、聞いたりしますが、そのようなことは特にしていませんでした。当時岡崎市に住んでいて、はじめて名古屋市を訪れたので、「何かお土産買って帰りたい」と思い、「この近くに美味しい和菓子屋さんってないですか？」と隣の受講者に聞くなどしていました。

他のエリアからの参加者はわたしひとりで、隣の受講者とも仲良さそうに話している様子を物珍しく見ていた講座の先生が、「今度、Ｂ紙メソッド研究会っていう集まりがあるけど、来てみない？」と声をかけてくれました。

Ｂ紙というと愛知では模造紙のことを指し、よく分からない会だけど、「先生が言うのだから行ってみよう」と参加したのです。

そして、その研究会で出会った人に連れて行かれたのが、名古屋駅前の「コワーキングスペース プロコワ」。これも「いいところに連れて行ってあげる」と言われ、ついて行っただけでした。そこから数珠《じゅず》つなぎに知り合いが増えていき、今や数十人もがお客様となっています。

このように、たとえ講座やセミナーが起点だったとしても、人脈を広げようと思わなくても、「看板広告を出したい人がいれば紹介してほしい」と言わなくても、副業したてのあなたに協力してあげたいと思い、周りの人がお客様を紹介してくれます。

セミナーに誘われれば行ってみる、連れて行ってくれるというところがあれば行ってみる、そんなことを繰り返していると、少し時間はかかりますが、いろいろなお客様が増えていきます。

まずは、あなたが気になる講座やセミナーに行き、周りの人が言うことを素直に受け入れてみる。そうすると波に乗れます。この波に乗れることで、どんどん人脈が広がっていき、看板広告の副業のお客様も増えていくのです。

Tips 3-5

エステサロンなどの高額商品店舗が狙い目

多数の看板広告の設置が期待できるのは高額商品を扱う店舗

誘導看板を各方面から店舗へ誘導するために、何本も設置する広告主もいますが、もっと多くの看板広告の設置を期待できるのが、高額商品を扱っている店舗です。例えば、エステサロン、宝石店、貴金属・ブランド買取専門店などで、いずれもオンラインではなく、お客様が店舗に足を運んでくれることを望んでいます。

高額商品を扱う店舗は「客単価が高いから販促にかける予算も多い」のは確かです。しかし狙い目である理由はそれだけではありません。

これらの店舗は、飲食店のように、ふらりと立ち寄り、「今日のラーメンは口に合わなかったな」というわけにはいきません。「商品を購入（契約）するまで帰らせてくれないかもしれない」と警戒心を持っている人もいるため、店舗に足を踏み入れてもらうまでに、とても高いハードルがある業種です。

また、たとえ来店に至っても、商品・サービスの販売・提供に至るまでには、信頼が必要となります。だまされた経験もなければ、そういう話すら聞いたことがないという人でも、金額が高ければ高いほど、警戒心を持ってしまいます。

このような**店舗への来店のハードルを下げてくれるのが看板広告**です。看板を何度も目にし、接触回数が増えていくことで、その店舗に対する警戒心が和らぎ、好感度や信頼感が増していくものです。

イメージがわきやすい事例としては、美容外科の看板広告があります。街中に何ヵ所も看板が設置され、見ようと思わなくても、目に入ってきます。施術の内容などが詳しく書いてあるわけではなく、それを見ただけでは行動に移す内容ではありません。美容外科の医師の写真と美容外科名などが書いてある、シンプルな内容です。

しかし、それを毎日、いろいろなところで見ていると、まったく看板広告を見ない美容外科よりも不思議と親近感がわいてきます。もし、あなたがいざ美容外科に行こうと思った時に、毎日見ていた「知っている美容外科」と「はじめて知った美容外科」とではどちらを選ぶか考えてみていただけると分かりやすいでしょう。

高額商品以外にも、病院や不動産会社、住宅メーカー、採用に力を入れている会社なども、信頼を勝ち取るツールとして看板広告を利用しています。

競合店舗と同じ土俵に上がるための看板広告

高額商品を購入する場合、ほとんどの人が1店舗だけでは決めず、いくつか店舗を巡り、最終的にどの店舗で購入するか比較・検討することでしょう。

例えば、婚約指輪や結婚指輪を購入する時、近隣の店舗をいくつか巡り、デザインや金額、接客対応などを総合判断し、どの店舗で購入するかを決めます。

しかし、広告予算が少ない、地域の宝石店などは結婚情報誌に広告を出せず、WEBサイトでも上位に表示されず、競合店と同じ土俵に上がることさえできません。そんな状況を打開するきっかけになるのが看板広告です。

例えば、WEBや情報誌で周知できている宝石店に向かっている人が途中で別の宝石店の看板広告を目にしたら、**高い商品であるだけに「近くにあるなら、あの看板のお店にも立ち寄ってみようかな」**と気になり、来店の確率は上がることでしょう。

これが買取専門店だったとしても、**競合の買取専門店の近くに看板広告を出しておくことで、「さっき見た看板の店舗にも査定してもらってから、どちらに売るか決めよう」と比較対象になります。**ポスティングチラシなどでしっかり販促をしている競合店舗へ向かっている最中に、看板広告を目にすることで選択肢に入れてもらうのです。競合店舗より販促費を使わなくても集客ができてしまうというわけです。

看板広告にこのようなメリットがあることをあなたが認識しておけば、看板を出さなければ、競合他社と同じ土俵に上がれない。それが売上に影響してくるリスクについても説明できるようになり、看板広告の契約の獲得につながります。

思い出してもらうきっかけにもなる看板広告

さらに、看板広告は既存のお客様の再来店にも寄与します。

エステサロンは定期的に通っている人もいるかもしれませんが、宝石店や買取専門店などは定期的に通う場所ではありません。

宝石店であれば、「このネックレス切れちゃってるから修理したいな」と思っても、すぐに修理しないと困るものではありません。「また今度修理に出そう」と思ったきりとなっている場合がほとんどです。

そんな時に、宝石店の看板が出てくれれば、「そうそう、ネックレスの修理を持って行かなくちゃ」と思い出して、行動に移すきっかけになります。

街中の看板を見れば、「この間、この看板の宝石店でネックレスを修理してもらったのよ」という会話が生まれる可能性もあります。

買取専門店の看板も同様で、「そうそう、売りに行きたいブランド品があった」と思い出してもらうきっかけになります。

このように、**看板広告は、新規顧客に潜在的に刷り込みを行うだけではなく、リピーターに再来店を促すきっかけづくりもできるのです。**

Tips

3-6

看板広告を副業にした時の働き方

平日休みの店舗がメインのお客様

看板広告の副業の魅力は、ターゲットとなる多くの店舗が平日に休みを取り、土日祝日などは営業しているという点です。

つまり、あなたの本業での休みが土日祝日であっても、あるいは平日休みであっても看板広告の副業はできるということです。

また、他の看板会社は一般的には土日祝日などは対応していないからこそ、その曜日に打ち合わせができることが、あなたの大きな強みとなります。

例えば、知り合いのデザイナーは土日祝日にデザインの対応ができることを強みとしています。

多くのデザイナーは土日祝日を休みます。依頼主によっては、自分が稼働している平日に依頼内容を固め金曜に依頼、土日でデザイン制作をしてもらい、月曜の朝にはチェックしたいという人もいます。

そうした場合、週末対応できるデザイナーがわたしの知り合いしかいないため、デザイン制作費が高くても依頼をしてくれるというわけです。

このように、**人が休んでいる日に仕事をするということだけで強みになり、依頼がもらえ、客単価を上げることだってできるのです。**

もちろんあなたが、「本業が大変で、土日祝日はしっかり休みたい」というのなら、無理する必要はありません。店舗は平日も開いているでしょうし、看板会社とのやりとりはほとんどが平日。しかも、仕事内容は慣れてくればメールだけでやりとりができるものばかりなので、あなたの空き時間や本業が終わってから対応すれば、済むことがほとんどです。

飲食店の社長からの返信は深夜

数店舗のレストランや居酒屋を経営している社長から返信があるのは、ほとんど営業時間が終わった後か、店舗に出勤する前の朝9時くらいまで。わたしが担当している飲食店の多くも、オーナーシェフとして厨房に立っていることが多く、こちらからメールやLINEを送っていても、返信は22時以降ということもあります。

夜遅くのそうした時間帯に、お客様からメールが届き、すぐに返信すると、「この時間に返信があるのはすごく助かる」と喜ばれます。短時間で質問と回答のキャッチボールができ、仕事がスムーズに進むことがあります。

過去には、金額には厳しい経営者の方が、相見積りをとらず、仕事を完全に任せてくれるようになったこともありました。

あるバルのオーナーシェフも、日中はほとんど返信がなく、LINEの返信がスタートするのは早くて22時以降。そのようなお客様には、何時でもＬＩＮＥを送ってよいという状況をつくっておくだけで、「深夜にＬＩＮＥを送ってもクレームを言わないでくれて助かる」と感謝され、あなたにお願いしたいと思ってくれます。

バルのオーナーシェフが言うには、「だいたいの人はあんな時間に送らないで、と言われるんだよね。ただ、次の日の日中に送ろうと思っていても、店舗が忙しく、送るのを忘れるんだよ。だからあの時間にメッセージを送れるのはすごく助かる」とのこと。

「いつでも送っていいですからね。わたしは返信できる時にしますから」とひと言伝えておくことが、双方ラクに仕事を進められるポイントとなったのです。

人がやっていないことをやるというと、すごく難しいことを成し遂げないといけないように思えますが、このような簡単なことでも「あなたに頼みたい」と継続して依頼がくるようになるのです。

一度も会わずに受注となることも

ちなみに、先ほどのバルのオーナーシェフは、知り合いから紹介してもらったのですが、一度も会ったことはありません。わたしはオーナーシェフの顔をWEBサイトで見て知っていますが、わたしの顔は知りません。知り合いからの紹介があれば、直接会わず、顔も知らないまま、受注できることもあります。

このようなお客様でなくとも、初回の顔合わせを済ませた後は、電話やメール、LINEでの対応に切り替えることができます。資料の送付や見積り、請求書もLINEで送っています。電話、メール、LINEなどで済んでしまえば、本業の就業時間の合間でも、副業ができてしまいます。先ほどのオーナーシェフとは初回、はじめましての電話をしただけで、その後は電話すらしたことがありません。

資料は看板会社がつくってくれ、見積りは看板会社の見積りに手数料を上乗せするだけの短時間で済む、簡単な事務作業です。初回契約に必要な活動時間といっても、合計しても数日もかかりません。しかもまとまった時間が必要なわけではなく、細切れの時間なので、時間が確保しやすい仕事です。それだけ活動時間が短く受注できるのも、看板広告の副業の魅力です。

第4章

【実践　初級編】まずは電柱看板からはじめてみよう！

Tips

4-1

提案しやすく、契約も取りやすい電柱看板が安定収入をもたらす

少額の電柱看板で、コツコツと売上を増やす

一度契約をスタートさせれば、請求書を出すことがメインの仕事とも言える、看板広告の副業。契約してしまえば、毎年売上が上がり、利益も獲得できる「おいしい仕事」です。その中でも初心者が簡単にはじめられるのが「電柱看板（電柱広告）」です。

「電柱看板」がはじめやすい理由は、初期費用も年間掲出料もリーズナブルで、定価が決まっているという点です。

地域によって異なりますが、電柱看板の初期費用や年間掲出料のいずれもネットで公開されているので、参考までにあなたのエリアの電柱看板の定価がいくらなのか、「県

名もしくは市区名」＋「電柱看板（電柱広告）」で検索してみてください。

一般的には初期費用である看板製作費＋デザイン制作費＋看板設置費で2万円ほど、年間掲出料は東京23区内だと4・5万〜8万円ほどです。

高額なエリアでも年間掲出料を月額に換算すると、6600円ほどになります。初期費用も年間費用もスマホを1台契約するより安く、これが地方都市になれば、年間掲出料9000円〜というエリアもあり、月額750円といったランチ以下の金額になります。

リーズナブルなだけにいろいろな店舗や会社との少額の契約をコツコツ集めるのが、電柱看板の儲け方となります。数を稼ぐのは大変だなと感じる人がいるかもしれませんが、このことが安定した収入を得られるポイントでもあるのです。

どういうことかご説明しましょう。

以前、携帯電話会社のショップを担当していたのですが、ある時、その地域のショップが一気に閉店をすることになりました。携帯電話会社同士の競争もかなり激しかったので、看板広告もかなり契約してもらっていましたが、それらの看板も撤退に際し、一気に撤収となりました。つまり、看板広告による収入が一気になくなったわけです。その時に痛感させられたのが、ひとつの店舗、ひとつの会社に依存せず、コツコツと売上を積み重ねていくことの大切さです。

電柱看板でさまざまなお客様との契約を積み上げておけば、そんな心配も不要です。

電柱看板はよく目にするが、どれだけ効果があるかは知られていない

定価が決まっているので、誰が見積りを出しても一緒、しかも安価で提案しやすい電柱看板。ただ、お客様に提案できるメリットは、その他にもたくさんあります。

過去にこんなことがありました。

新しくカフェをオープンするオーナーのところにお伺いすると、「この場所は住宅地で分かりにくいし、告知の手段といったらインスタグラムの投稿くらいしかできてなくて……。タウン情報誌やフリーペーパーも掲載してもらうのに、10万円以上かかっちゃうし、集客が難しくて」と悩んでいました。

そこでわたしが、「タウン情報誌やフリーペーパーの効果は掲載されたその時限り。おっ

しゃる通り、10万円以上かかるかもしれません。電柱看板だったら1年出しても、数万円ですよ。住宅地の入口の電柱に出せば、道案内もしてくれますよ」と伝えたら、そのオーナーは「そんなに安くて、店舗まで案内してくれるものがあるなら出したいな」と目をキラキラさせて身を乗り出してきました。

すかさずわたしは「住宅地の入口の道は毎日数百人が通りますよね。年間で考えたら、タウン情報誌やフリーペーパーよりも多くの人が見てくれますね」とたくさんの人に周知できることも伝えました。

さらに「電柱看板にインスタグラムのQRコードを入れると通行者がカフェの詳細も見てくれて、フォロワーも増えますね」と話すと、オーナーは、電柱看板を出してみたいと即決してくれました。

電柱看板は街中で見ていて、馴染みがあります。

しかし、その**電柱看板が他の広告と比較してもリーズナブルで、さらに費用対効果が非常に高いことを多くの人は知りません。**よって、メリットを話すだけで採用してもらえることが多いのです。

Tips

4-2

コツコツ増やせば、年間売上1００万円も夢じゃない

1ヵ月に2本の契約を取れば、開始1年で売上1００万円

副業を開始してから1年目に売上1００万円を達成すれば、この売上を2年目、3年目も継続となる、夢のような副業の看板広告ですが、実際に売上1００万円を達成するには、どれくらいの電柱看板の本数を獲得すればよいのでしょうか?

例えば、東京23区内の電柱看板で、年間掲出料が4・5万円の場所であれば、23本ほどの契約で、売上1００万円となります。

さすがに1年目で月に2本の契約を取るのは難しいでしょうから、3年スパンで考えてみましょう。1年目は3ヵ月に1本で4本、2年目は2ヵ月に1本で6本、慣れてき

た3年目は1ヵ月に1本ペース＋1本で13本契約を取れば、3年で売上100万円到達です。無理な数字ではないと思いませんか？

しかも、これまで何度もお伝えしてきたように、お客様に看板広告の契約更新の確認をすると、即答で「更新します」と返事があります。

利益が売上の20％としても、副業での定期的な収入は減ることなく積み上がっていくばかりです。

また、**多くの広告主は「副業で電柱看板の仕事をしています」**と話すと、**そんな仕事をしている人を聞いたことはないと、とても興味を持ってくれます。**

「電柱看板の仕事って、どんな仕事なの？」

「どれくらいの金額で出せるものなの？」

と相手から質問したいことがあふれ出てくることは少なくありません。

営業が苦手な人でも相手からの質問であれば、会話がはずみます。また、あらかじめスマホに撮りためておいた周辺の電柱看板の写真を見せると、あのカフェも、あそこの美容院も電柱看板を出していることを理解してもらえます。

さらにあなたが経験を積んでいけば、「そう言えば、奥まったところにある英会話教室が曲がり角に電柱看板をつけたんですよ。近所の小学生のお母さんがやってきて、『こんな近所に英会話教室があるなんて知らなかった』って入会してくれたんです」といった具合に、電柱看板には誘導という目的以外にも集客や販促の効果があるということも伝えられるようになります。すると契約の成功確率はどんどん高まっていきます。

看板の掲出先となる電柱の探し方

既存の電柱に規定の看板を掲出する、いたってシンプルな広告の電柱看板。

では、街中にある電柱の中から、どのように掲出する電柱を選定するのかそのポイントを説明しましょう。

看板には、「販促看板」と「誘導看板」があることはすでにお伝えしました。電柱看板はそのほとんどが「誘導看板」です。

試しに本書を読んだ後に、「電柱看板」を意識しながら街を歩いてみてください。

「○○歯科医院 次の信号右折」
「ドコモショップ 手前の信号右」
「マクドナルド 200m先」

などの道案内をするための電柱看板が多いことに気づくでしょう。

顧客を目的地まで道案内しなければならないため、必然的に電柱看板を掲出する場所は目的地までのルート上にある電柱となります。

「○○歯科医院 次の信号右折」の場合は、目的地の歯科医院へ行くために右折する、ひとつ前の交差点に設置します。

「ドコモショップ 手前の信号右」の場合は、行き過ぎてしまった人に「もうひとつ手前の信号のところでしたよ」と伝えるため、本来曲がらなければならなかった信号の、ひとつ先の信号がある交差点に設置します。

「マクドナルド 200m先」は……、もう分かりますよね。

このように、**設置したい場所に電柱があるかを確認し、掲出場所を決めていけばよいのです。**道案内ができる場所を提案すればよいので、それほど難しくありません。

Tips

4-3

電柱看板が初心者にとって扱いやすいこれだけの理由

電柱看板の種類は「巻看板」と「袖看板」の2種類だけ

電柱につける看板の種類は、電柱に巻きついている「**巻看板**」、そして電柱の上のほうに、道に突き出すようについている「**袖看板**（掛広告）」の2種類です。

どちらの看板も、年間掲出料金が同じ場合がほとんどですが、異なる料金だったとしても数千円程度の差です。

そのため、年間掲出料が安いから、こちらを選ぼうという選択はせず、掲出場所の視認性や目的等を考慮し、いずれにするかを検討することがほとんどです。

［電柱看板の種類と形状］

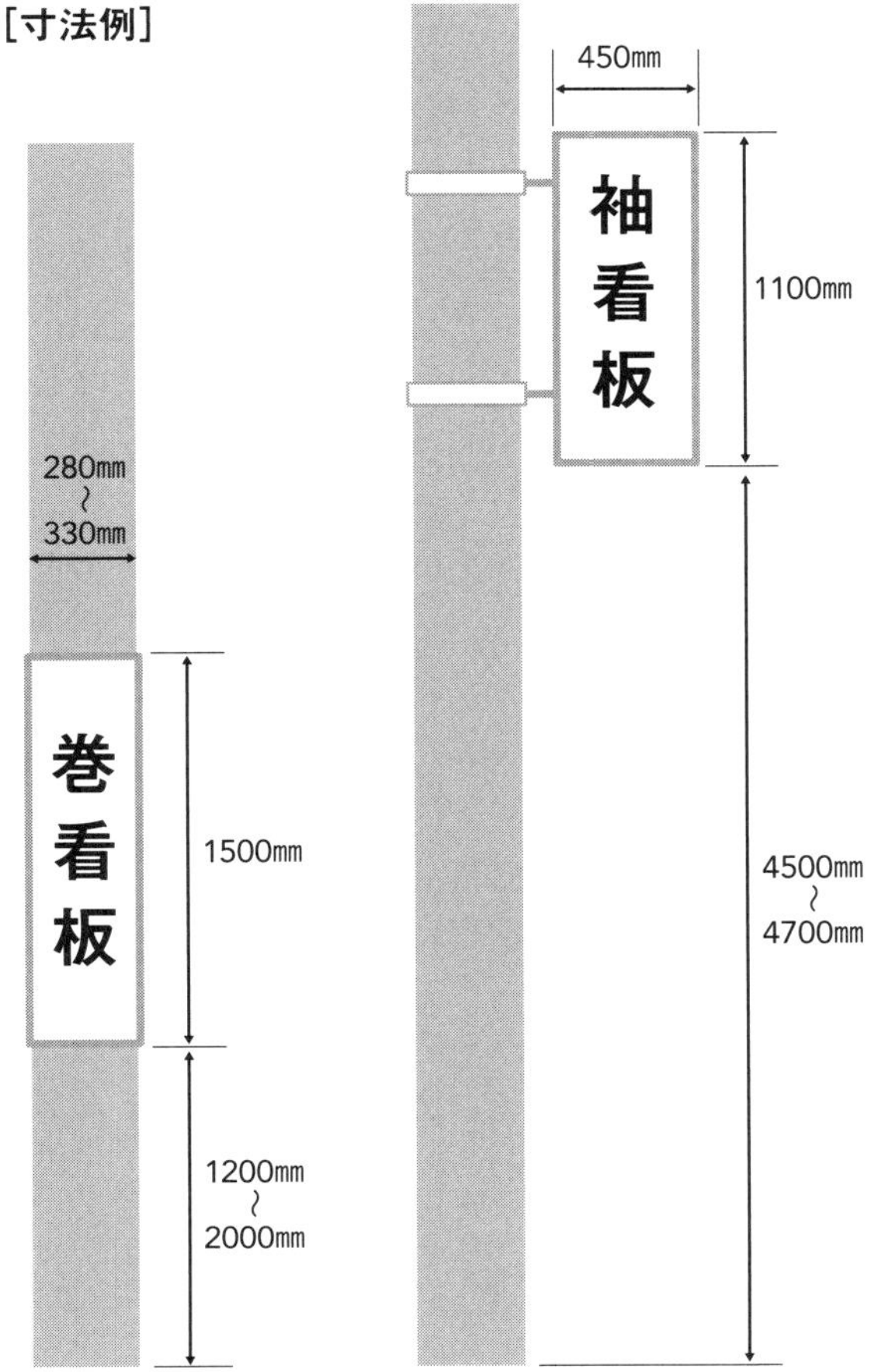
[寸法例]
280mm
〜
330mm
巻
看
板
1500mm
1200mm
〜
2000mm
450mm
袖
看
板
1100mm
4500mm
〜
4700mm

また、いずれの看板も店名などの名称と電話番号とロゴ、誘導看板であれば方向を示すものを入れるだけの、非常にシンプルな内容なので、多くてもお客様と数回やりとりをしてしまえば、デザインが決まってしまいます。

■巻看板（基本サイズ：1500㎜×330㎜）

人気が高いのは巻看板です。

通りすがりや信号などで立ち止まった時、歩行者や運転者の目の高さに設置されているため、目に留まりやすく、道案内として効果を発揮します。

地上から1200㎜以上の高さ（地域によって異なります）に、白い薄い金属製の板でつくられた看板（2枚1組）で電柱を挟むように、設置されます。円柱状の電柱にぴったりと巻きつけるように設置されるため、巻看板と呼びます。

なお、電柱の太さが2種類あるため、基本サイズより幅の狭い巻看板になる場合もあります。

また電柱によっては1500㎜の長さが設置できない場合があり、1200㎜、1100㎜など条件つきで設置許可が出る場合もあります。サイズによって、入れられる原稿ボリュームも異なりますので、事前に確認しておきましょう。巻看板の下部には、電柱所在地の町名番地表示が法律で決められており、必須となっています。ここについては、自由に決めることができず、表記内容やデザインが決まっています。色を変更することも、表記を外すこともできませんので、覚えておくとよいでしょう。

[巻看板の基本サイズと決まり事]

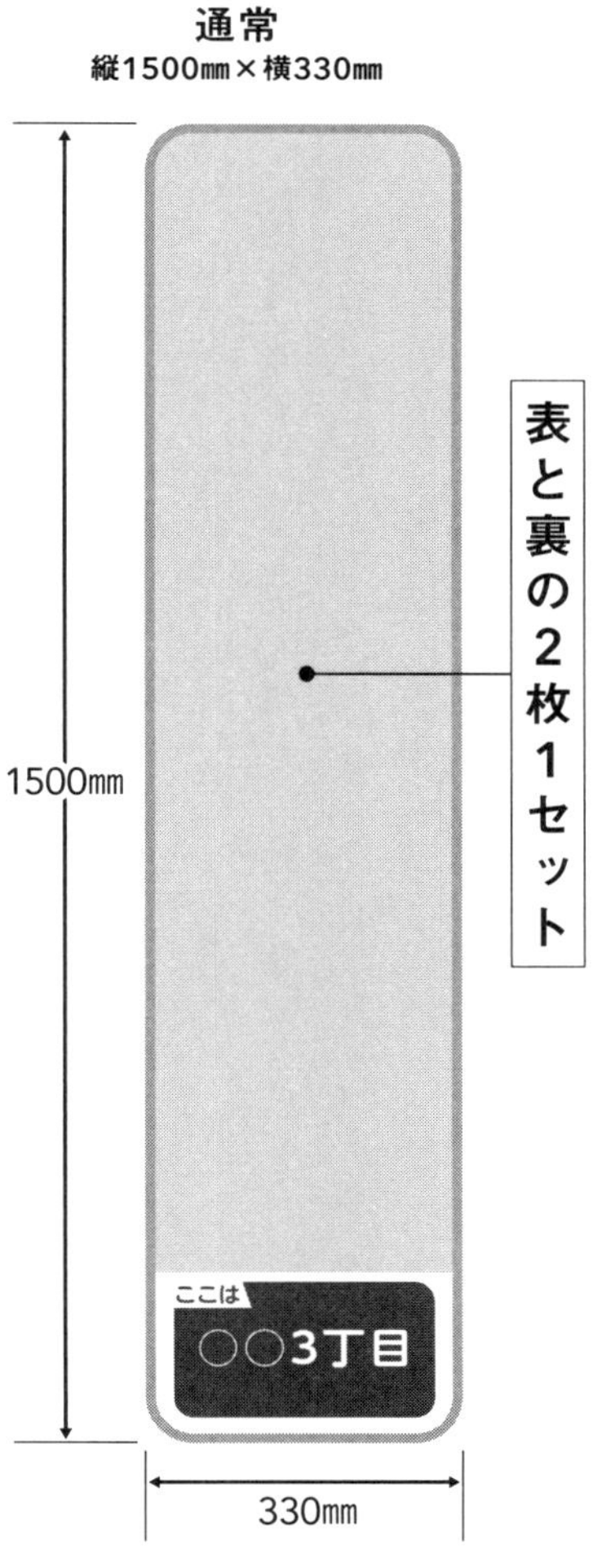

■袖看板（基本サイズ：1100㎜×450㎜）

続いて袖看板ですが、こちらは**近くから見ると見上げる高さに設置してあるため、少し離れた場所にいる歩行者や運転者の誘導に適しています。**

巻看板よりも高い、地上から4・5m以上（歩道側の場合2・5m以上。地域によって異なります）の高さに、電柱から道路側に突き出すように取り付けられています。表裏一体式の看板で、両面に看板掲出ができます。

地方や業者によって、袖看板、掛広告、突き出し看板など呼び方が異なります。また、地域により、看板面の形状が違う場合があります。

巻看板のように住所表記など必須項目はありませんが、**袖看板は巻看板より看板面が狭いため、情報は最小限に絞る必要があります。しかも遠くから見るため、大きめの文字で、シンプルで分かりやすく情報を入れる必要があります。**そのような情報量の差においても巻看板が選ばれることが多いと言えます。

巻看板のほうが多くのメリットがあるように思えますが、あえて袖看板が選ばれるケースがあります。特に**視界が開けている一直線に続く道路沿いで複数本の電柱看板を掲出**

したい時には、袖看板で統一することがあるのです。

近くに行かないと見えない巻看板に比べ、袖看板であれば、連続する袖看板が遠くからよく見え、インパクトがあるからです。このように見え方や目的を考えながら、お客様に提案していきます。

［ 袖看板のサイズと決まり事 ］

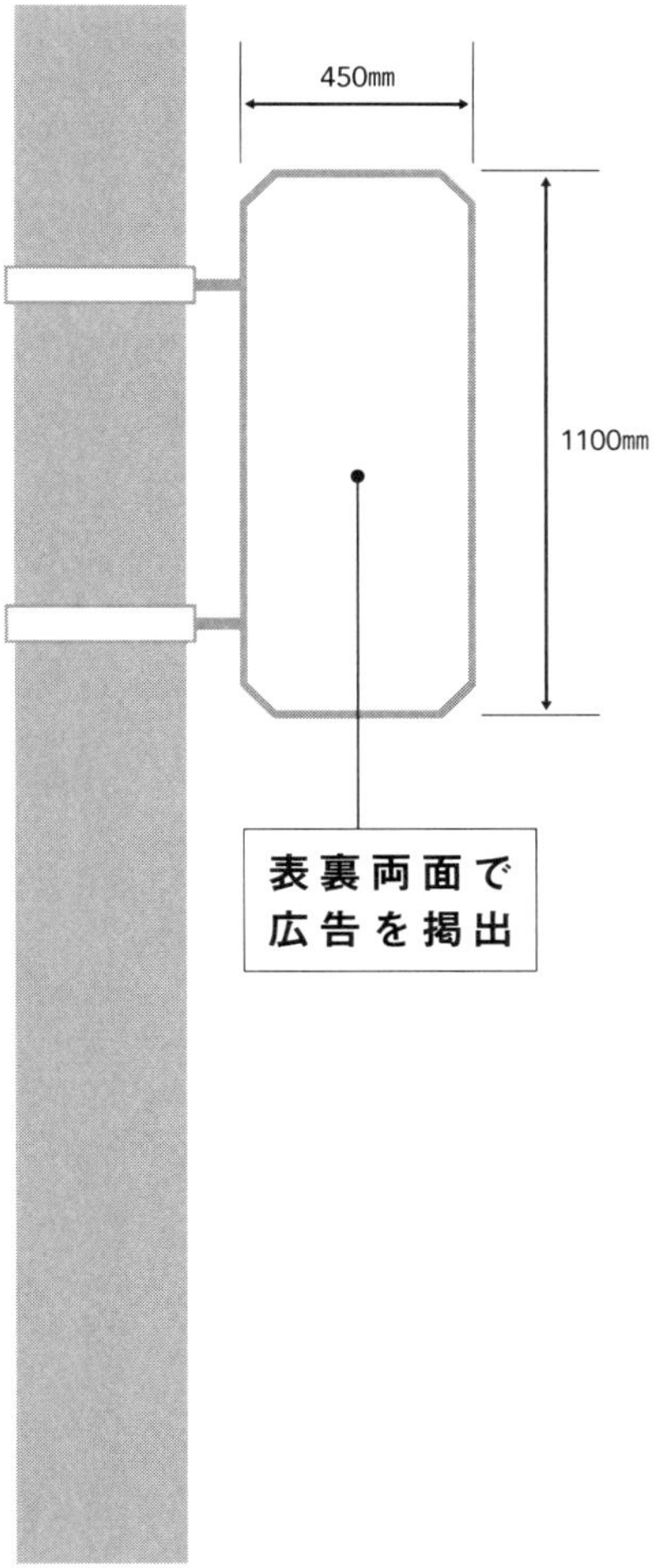

Tips

4-4

電柱看板の空き状況は代理店で簡単に確認できる

どの電柱かは管理番号で判断

電柱は、電力会社系とＮＴＴ系に大きく分けられます。東京の電力会社系であれば、東京電力が思い浮かぶことでしょう。しかし、東京電力に直接問い合わせても、電柱看板の取り扱いはありません。なぜなら、**電柱看板を取り扱う専門の広告代理店が存在するから**です。

もちろん東京電力、関西電力などエリアによって電力会社が変わるように、代理店もエリアごとに存在します。ＮＴＴ系の代理店でも西日本、東日本のその中で、さらにエリア別で取り扱っている代理店が異なります。

また、全国すべての電柱に管理番号がついています。管理番号は表札程度の白い板に黒い文字で数字やアルファベットが書かれ、少し高い位置にあります。これを見て、電力会社系かNTT系かを判断することができます。両方の管理番号がある場合は共用の電柱となります。

なお、電柱は、ほとんどが公道に立ち、住所がありません。そこで必要となるのが、この管理番号です。

お客様から「この電柱に看板を出したい」と要望があった場合は、「電柱についている白い札の番号を教えてください」「電柱についている白い札を写真に撮って送ってください」と伝え、管理番号が分かると、どの電柱なのかが明確に分かります。

また、電柱看板を契約しているお客様の請求書に、この番号を記載しておくと便利です。特に複数電柱看板を契約しているお客様の場合、電柱看板の専門代理店から請求が届いた際に、どの電柱看板の請求なのかを照らし合わせることができます。

加えて撤去した際、どの電柱看板の請求をストップさせなければならないかも判断しやすくなります。

電柱看板の空き状況は代理店で簡単に確認

電柱看板専門の代理店では、広告を出したい電柱が空いているのかをすぐに確認することができます。ピンポイントで電柱に広告を出したい場合は、先ほどの電柱の管理番号を伝え、確認します。「そんなの現地に行けば、空いているか、空いていないか分かるのでは？」とも考えられますが、こんなことがありました。

ある日、新たに開業した脳神経外科の事務長から「大通りから1本入ったところに脳神経外科があることが分かるよう看板をつけてほしい」というオファーをいただきました。最適な場所にあった電柱看板には、古びた袖看板がついていましたが、巻看板はついていなかったため、電柱看板専門の代理店に問い合わせてみたところ、担当者から「巻看板はつけられないけど、袖看板だったらつけられるよ」と返事をもらいました。わたしはおかしいなと思い「袖看板はついていましたよ」と言うと、担当者は「うん？　契約は終了しているはず、撤去していなかったのかな」と答えました。

これはレアな事例かもしれませんが、**電柱の空きがあるかどうかは自己判断せず、ま**

ずは問い合わせてみることが大切です。そうすることで、契約更新にならず、空きが出るという情報や新しく電柱が立つという情報がもらえることもあります。問い合わせは無料です。どんどん問い合わせてみましょう。

アバウトな要望でも空き状況を調べてくれる

先ほどのようにピンポイントで「この電柱」と決まっていない場合でも、お客様の店舗などの場所を代理店に伝えることで、適切な電柱看板の空き状況を教えてくれます。ただ、お客様の店舗名や電柱看板を出そうとしている目的などを教えてしまうと、「代理店が直接お客様のところへ営業に行ってしまうのでは？」と気になる人がいるかもしれませんが、そんな心配は無用です。

むしろ**お客様情報はどんどん公開してください。**お客様情報を公開しておくと、最適な提案をもらえるだけではなく、競合他社から問い合わせが入った時に「他からも同じような問い合わせがあったけど、同じお客様かも」と情報提供してくれることもあります。

情報を伝える時は「住宅地のこのマンションにフェイシャルエステサロンが9月にオー

プンするのですが、マンションには看板がつけられないので、電柱看板を掲出できるところを探しています。ターゲットは30～60代で、マンションの前あたり、もしくは大通りから誘導できる電柱看板をつけたいという要望です」などと事細かに伝えます。すると「マンションに看板がつけられないんだったらマンションの前に電柱看板を出したほうがいいね。もう1本つける予算があれば、大通りからの曲がり角につけるといいね」というような提案をしてくれることもあります。

電柱看板の出せる電柱の位置をマップに落とし込んでくれ、さらに電柱看板がここにつけられるという写真を添付してくれることもあります。写真があることで、お客様も具体的なイメージができ、契約に一歩近づけます。

さらには、こちらがさまざまな情報を提供することで、お客様にどう説明したら契約につながるかをプロフェッショナル目線で、事細かに解説してくれることもあります。

代理店を味方につけることができれば、副業1年目であっても、あたかも長年電柱看板の仕事を経験してきたかのような、知識を持って、契約獲得に挑むことだってできるのです。

[電柱マップと現場写真の例]

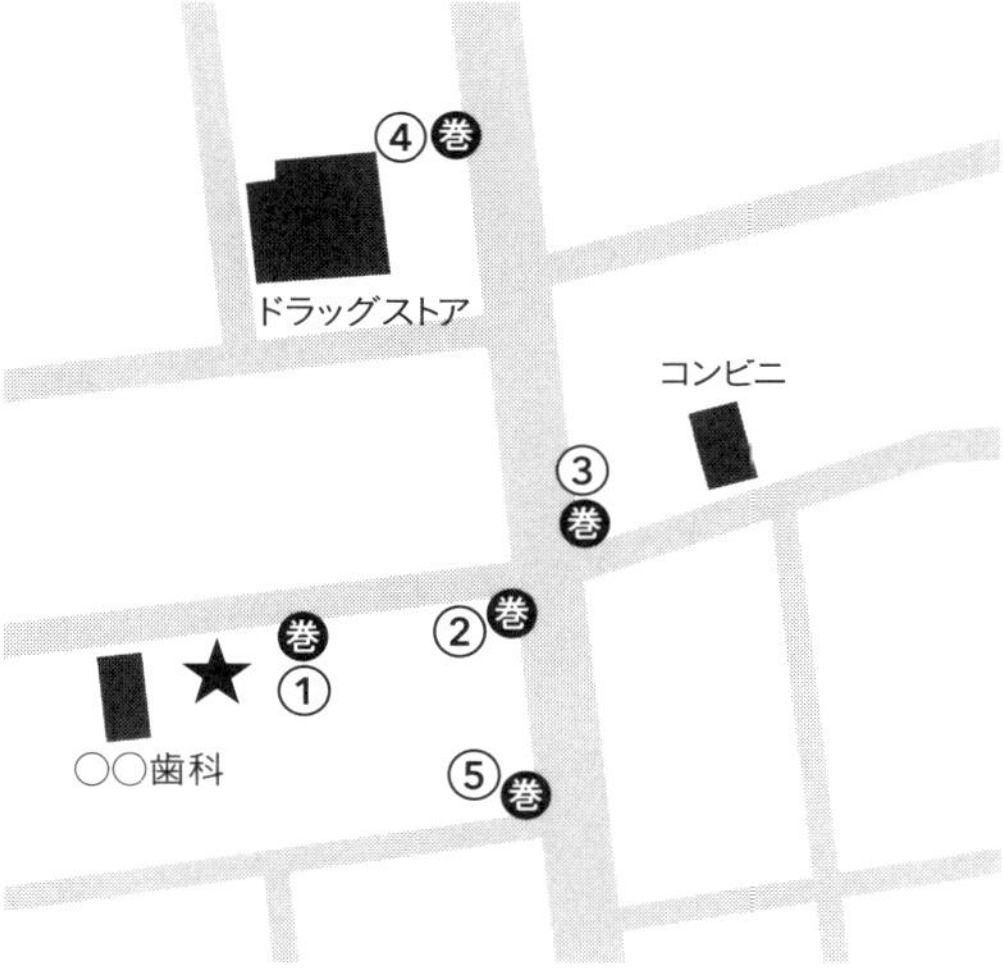

Tips

4-5

電柱看板専門の代理店と代理店契約する方法

まずは1店舗見込み客を探し、相談からスタート

これまで説明してきたように副業としてはじめやすい電柱看板ですが、ひとつハードルをクリアする必要があります。

それは電柱看板専門の代理店と代理店契約を結ぶことです。代理店契約とは、定価の80％の卸値で取り扱いをさせてもらうことです。パーセンテージやルールは各社異なる場合がありますが、基本的には、**広告代理店からの卸値80％＋あなたの手数料20％がお客様（広告主）への販売価格**となります。

お客様（広告主）の見込みがない状態で「電柱看板専門の代理店契約をしてください」とお願いしても、なんの実績もなく、今後契約を獲得できるかが分からないあなたと代理店契約を結んでくれる広告代理店はほとんどありません。

そのため、まずは電柱看板の契約をしてくれそうなお客様を探します（広告主の見つけ方は94ページ参照）。そして、「電柱看板を出しそう」というお客様が現れたら、電柱看板専門の代理店に連絡をします。最初の自己紹介では「広告代理店をしております○○です」と言います。「広告代理店をしている」＝「卸値で販売しなければならない」と認識してもらえるからです。そのうえで「お客様で電柱看板を出したい方がいまして……」と相談をはじめます。まさに目の前に人参をぶら下げた状態なので、初回だったとしても、親身に相談に乗ってくれます。

重要なポイントは手数料（マージン）をいくらもらえるか

看板広告の定価はネットにも掲載されているので、金額は分かっていますが、問題なのは手数料のパーセンテージ。お客様に金額提示をする前に、「マージン（手数料）はどれくらいになりますでしょうか？」と確認します。あなたの手数料分のことを広告代理店業界では「マージン」と言います。

そこで「初回は前払いになりますが、マージンは20％ですよ」という答えが返ってきたら、成功です。電柱看板専門の代理店があなたを広告代理店として認識してくれ、「定価の80％の卸値で提供します」と言ってくれたことになります。

20％のマージン＝あなたの利益が確保できることを確認したら、提示された内容をお客様に提案しましょう。

電柱看板専門の代理店にすべてを任せられるかが重要ポイント

電柱看板専門の代理店に電柱看板を依頼すると、看板デザインの制作、電柱看板面の製作から設置、管理をしてくれるのが基本です。

代理店によっては、看板デザインの制作はせず、電柱看板の製作から設置、管理のみを専門にしている会社もあります。そのような会社は、看板デザインは「イラストレーターで制作したものを入稿してほしい」と言ってきます。

お願いするなら、デザイン制作から一貫して行える電柱看板専門の代理店が断然お勧めです。

なぜなら、「デザインはイラストレーターで制作したものを入稿してほしい」と言われると、あなたがデザイナーを探し、電柱看板のデザインを依頼する必要があります。デザイナーを見つけられたとしてもデザイン制作費はデザイナーに支払い、その他は電柱看板専門の代理店に支払いとなると煩雑になりますし、そもそも**看板デザインに慣れたデザイナーを探すのは、何もつてのない初心者には至難の業**です。

一貫して依頼ができれば、広告審査もラクに

電柱看板専門の代理店にすべてを任せられれば、電柱看板の空き状況の確認から、契約となった後の、デザイン制作↓看板製作↓看板設置↓看板管理・メンテナンスまでお願いすることができます。

電柱看板は、特定のエリアでは5色までしか使ってはいけない、写真を入れてはいけない、背景色はこの色を使ってはならないなど、入れるパーツや色なども含め、さまざ

まなルールがあります。エリアによっては色の彩度、ベタ面積（一色のインクで塗りつぶされた面積）等の規制などもあります。

電柱看板専門の代理店に依頼できれば、複雑なルールに則ったデザインをお客様に提出することができます。知識のないデザイナーに依頼すると、広告審査で却下されてしまう場合があります。そうなると、お客様から「電柱看板を担当しているのに、知識がないのね」と思われ、信頼を損ねる可能性もあります。

わたしの場合は、デザイナーとも付き合いがあり、お客様とレスポンスよく、デザイン校正が進められるため、「イラストレーターで入稿します」ということもあります。あるお客様の電柱看板のデザインを担当した際、店名のロゴが薄いピンクでした。いつも通り、店名のロゴを大きく配置し、「信号を右」の文字と矢印を入れていました。校了後、電柱看板専門の代理店に審査を依頼したところ、担当者から「審査は通過したけど、この色だと目立たないよ」と指摘を受けました。

しかし、わたしは、「店名のロゴは、この色って決まっているので、このまま進めてください」と言って設置してもらいました。

設置後、現地に確認しに行くと担当者の言っていた通り、店名が見えづらく、お客様も「黒とかはっきりした色で入れたほうがよかったかな」と不満そうです。

看板は紙などにデザインするものと違い、風景の中でいかに視認性が高く、目的を果たすかが重要です。

それを今までの経験から熟知しているのが、電柱看板専門の代理店です。一度掲出してしまった電柱看板は劣化するまで、なかなかデザイン変更をしないという特性があるだけに、知り合いにデザインをお願いできるところがあったとしても、プロフェッショナルに任せ、視認性が高く、誘導力や集客力のある電柱看板を掲出したいものです。

COLUMN
#04

年間掲出料は立地ではなく、エリアで決まっている！

建物や土地に設置する看板は、立地によって金額が異なります。駅前や交差点、通行量が多い場所は年間掲出料が高い傾向にあります。

土地を購入する際、角地や大通り沿いなど場所によって価格が異なるのは当然です。しかし、面白いことに、電柱看板の場合は、通行量や立地に関係なく、年間掲出料に差はありません。エリアによって年間掲出料が決まっているのです。つまり、駅前で通行量の多い場所も、限られた人しか通らない住宅地の路地裏も、同一料金で掲出できるというわけです。

基本的には、市区単位で年間掲出料が決められています。東京23区などは特定電柱と定め、一部地域では金額が高い場所もありますが、同じ市区内であれば、同一料金ということがほとんどです。

どこの場所の電柱を選んでも料金は同じ。だからこそ、どの電柱に看板掲出するかがスムーズに決まりやすいと言えます。

先ほどのエステサロンの事例で、マップに落とし込んでいた看板掲出ができる電柱。これが電柱の立地によって年間掲出料が変わるようであれば、「このコンビニの前の電柱は1万円なのですが、その対角線上にある電柱は2万円で、エステサロンのマンションの前は5000円です」と言われるとお客様も混乱してしまいます。

もちろん提案する側も、1本ずつ年間掲出料を確認する必要があります。

年間掲出料が均一だからこそ、価格に関する迷いや比較の手間が省け、純粋に看板の立地の特徴やメリットに集中して選択することができます。

「どの電柱を選んでも年間掲出料は変わりません。効果がある電柱を一緒に選びましょう」

といった具合にお客様側に立って提案していけば、お客様も比較的短時間で決断することができるというものです。

Tips

4-6

自宅開業のネイルサロンやKUMONなどもあなたのお客様

電柱看板の1日の掲出料は55円ほど

電柱看板の年間掲出料は、１本２万円程度のエリアも多く、１日あたりに換算すると55円ほど。どんな広告媒体より安いと言っても過言ではありません。手書きのチラシをつくって、Ａ４サイズで片面カラーコピー（コンビニ利用／1枚50円換算）をすると、この金額では１枚しか配布できません。Ａ４サイズで片面モノクロコピー（コンビニ利用／1枚10円換算）をしたとしても5枚だけ。

電柱看板は、Ａ４サイズのチラシの情報量よりは少ないですが、多くの人が目にすることになります。**情報量の少なさを考慮しても、1日55円で販促ができるなんて、どれ**

だけ電柱看板が安いことか。

この金額であれば、**自宅で起業したネイルサロンやエステサロン、ハンドメイド教室、さらにはKUMONや個人塾なども広告主（お客様）となり得ます。**

店舗のオーナーや会社以外もターゲットとなり得るのであれば、あなたの周りにもお客様となる可能性のある人がいるはずです。もしかしたら知人や友人に電柱看板の副業をはじめたことを伝え、その魅力をアピールすることで、最初のお客様となってくれるかもしれません。そうなれば、先ほど述べた代理店契約のハードルもグンと下がることでしょう。

話を戻しましょう。ある時、友人からエステサロンのオーナーが「マンションでエステサロンはしてもよいと了承は得たのですが、肝心の看板が道路沿いに出せないんです」と困っている話を聞きました。マンションやアパートなどで自宅起業していてもベランダなどに「エステサロン」といった看板を出せないところも多いと聞きます。マンションやアパートなどの前に電柱があれば、電柱看板を出すことができます。

そこで友人にそのオーナーを紹介してもらい、「エステサロン　○○　マンション5階」

と建物の方向を指した矢印と一緒に掲出し、さらに、ＱＲコードをつけておけば、サイトへ誘導でき、近隣や同じマンションやアパートの人にも効率よく周知ができるとお伝えしたところ、即契約となりました。

電柱看板を掲出して、近隣の人から「看板つけたのね」「今度行ってみようかしら」なんて言われれば、お客様は効果があったと感じられます。また、その看板でひとり来店してくれれば電柱看板の年間掲出料はあっという間にペイできてしまいます。

どうでしょう。相手が知人や友人であったとしても、電柱看板なら勧めやすいと思いませんか？

少額だから複数本の契約もあり得る

また、分かりにくい場所にある店舗などは、少額だからこそ「ここにも電柱看板を追加することで販促効果もありそう」と誘導看板を複数契約してもらえることがあります。

特に、中小規模の店舗になれば、１日の掲出料が２本で約１１０円、４本で２２０円となっても、費用対効果を考えれば、安いものです。

ある電柱看板専門の代理店の担当者がこんなことを言っていました。

「いつも渋滞する交差点に地元工務店が5本連続で電柱看板を出してくれたんだけど、あれが結構反響いいらしいんだ」と。

この電柱看板は、誘導用ではなく、販促用として意図的に渋滞する場所につけたもので、モデルハウスに来場してくれた複数のお客様が「あそこの電柱見ましたよ」と営業マンに伝えてくれたようです。

近隣には、5本連続で、電柱看板を出しているような工務店はなく、踏切前の常に渋滞している場所というのが功を奏したとのことでした。さらに、この反響を体感した工務店から「また渋滞する場所に電柱看板をつけたいから、提案をしてほしい」と追加のオファーもあったようです。

このように、**電柱看板の連続掲出は、野立て看板を設置するよりも初期費用も年間掲出料も抑えられ、記憶に残る看板となります。**また、販促目的の電柱看板は、契約本数の増加の可能性が高く、売上アップも期待できます。

Tips

4-7

カープ坊や・リラックマなどキャラクターの電柱看板で注目度アップ!

キャラクターの電柱看板でブランディング

電柱看板にはキャラクターを使用したものもあります。

代表的なものとしては、広島県で使えるカープ坊や（プロ野球・広島東洋カープのマスコットキャラクター）や、関東一都六県および静岡県富士川以東で使われているリラックマやすみっコぐらし（ともにサンエックスのキャラクター）、ガチャピン・ムック（子ども番組「ひらけ! ポンキッキ」から生まれたキャラクター）などがあります。

このようなメジャーなキャラクターを使用する場合は、膨大な使用料がかかり、中小企業では到底ムリです。

しかし、**そのキャラクターを使った電柱看板を、それほど費用をかけずに出せるとしたら、強力な武器となる**と思いませんか？

例えばカープ坊やの場合はこうです。

広島県民はとにかくカープ好きの人が多いです。野球のテレビ中継はドル箱と呼ばれ、視聴率は驚異の40％を超える日もあるとか。広島県で営業をする時は、必ずカープの勝敗や状況を確認しておかなければならないほどです。

広島県ではカープ坊やの絵柄が入ったベースデザインに店舗名や誘導看板の矢印などを追加し、看板を制作してもらうことができます。キャラクター使用料などは年間掲出料に含まれ、一般的な無地の電柱看板よりも年間掲出料が少し高いだけ。

カープについ目が行く広島県民だけに、広告主がカープファンと分かると急に親近感がわく広島県民の心理をついた電柱看板です。

一方で、リラックマの電柱看板は、リラックマの絵柄が入った看板広告デザイン27パターンが用意されています。その中から好きなデザインをセレクトし、店舗名や誘導の矢印などを入れていきます。子どもを集客したい英会話教室、小児科、歯科、幼稚園などの広告主であれば、ターゲットである親の目に留まる広告となります。

子育て中のパパ・ママたちは、子どもたちが好きなものについつい目がいってしまうもの。ましてや子どもたちが、「リラックマ！」と言って看板を見つけて声を上げれば、必然的に記憶してしまうことでしょう。

子どもが風邪をひいた時に、「小児科」と検索して、リラックマの電柱看板を見ていた小児科がヒットしたら、「ここは、リラックマの電柱看板が出ていた小児科ね」と認識し、来院につながる可能性があります。

このように、**キャラクターを使用した電柱広告は、ブランディングにも有効**なのです。

キャラクター使用料は代理店が手続き＆支払い対応をしてくれる

リラックマやすみっコぐらし、ガチャピン・ムックといった人気キャラクターを起用した電柱看板を掲出するには、一定の年間使用料が必要になります。

具体的には、ガチャピン・ムックの場合は、年間使用料が３３００円（税込）、その他のキャラクターは４４００円（税込）となります。

この**費用さえ支払えば、キャラクターへの申請手続きやキャラクター使用料の支払いなど、面倒な手続きはすべて電柱看板専門の代理店が対応してくれます。**

リラックマやすみっコぐらしなどのキャラクターを使って視認性を格段に上げる費用を1日に換算してみると12円ほどです。

もしあなたのお客様が、そのようなエリアに電柱看板を出すようならば、「このエリアだとリラックマの電柱看板が1日12円の追加費用で出せますよ」と雑談程度に紹介してみるのもよいでしょう。

Tips

4-8

ターゲットにピンポイントで周知する電柱看板の使い方

ターゲットが集まる場所での掲出が有効

販促用の電柱看板は、ターゲットが集まる場所に掲出することで効果的にブランディングができます。

例えば、小学生がターゲットの学習塾であれば、近隣の小学校の前に電柱看板をつけます。これにより、入学式、参観日など学校行事の度に、親御さんには学習塾のイメージが刷り込まれます。

その後、チラシやWEB広告などで、その学習塾を見たとしたら、競合他社の学習塾より「知っている学習塾」として、入塾にもつながりやすくなります。

他にも、**オープンの告知とオープニングスタッフの募集を同時に行うことができます。**例えば、介護施設や病院のスタッフ、飲食店のスタッフを募集する際に電柱看板を出せば、一石二鳥です。

電柱看板には、オープン時期とオープニングスタッフ募集、電話番号と施設名などを載せておきます。採用したい近隣の人にリーチできる、コスパのよい、求人広告となります。

オープニングスタッフの募集を行えるだけではなく、「この場所に春頃、介護施設ができる」という告知もでき、クチコミ増加も狙えます。オープンした後は誘導看板に切り替えるだけでＯＫです。

看板広告は一度掲出したら内容はなかなか変えないものとお伝えしましたが、電柱看板に関して言えば、看板製作費が安価なため、気軽に内容を変更できるのもメリットです。

第5章

【実践　中級編】
自由度が高い
野立て看板で儲けよう！

Tips

5-1

野立て看板で売上アップを目指せ

野立て看板は初期費用だけでも稼げる

電柱看板に慣れてきたら、次は野立て看板にチャレンジです。

野立て看板とは、道路沿いや田畑などに設置される自立型の看板のことです。他の看板同様、道案内用の誘導看板としての役割を担っている看板も多いですが、**認知度向上やブランディングを目的とした販促看板が多いのが特徴**です。

比較的大きな看板が多く、初期費用、年間掲出料も他の看板よりも金額が高くなり、売上アップが期待できます。

売上アップの第1のポイントとしては、**サイズや場所、形状が自由に選べる**ことです。屋外広告物法の規定や地域におけるさまざまな条例をクリアさえすれば、設置場所、看板サイズ、素材やデザインの自由度が高い看板を設置できます。

基本と言われる看板サイズやデザインもなく、お客様の要望に柔軟に対応することができるため、顧客満足度をアップさせることができます。

しかも、電柱看板のように定価は決まっていません。ということは、電柱看板のように本数を稼がなくても、**大きな看板をひとつ設置してしまえば、ある程度の利益が確保できる**ということ。これが売上アップの第2のポイントとなります。初期費用もサイズや仕様によって変動するので、売上10万円のものもあれば、売上30万円というものもあります。その20%が手数料とすると、初期費用の手数料だけでもすぐに5万円、10万円と稼げてしまうのです。

サイズ、仕様や定価が決まっていない分、知識や経験が必要な場面もありますが、そこは看板のプロフェッショナルである看板会社に全面的に協力してもらうことで、解決できます。

看板会社から出てきた金額に手数料20%を上乗せ

野立て看板は、看板会社から出てきた見積りに対し、手数料20%を上乗せした金額をお客様に提示します。看板会社から初期費用が30万円で出てくれば、30万円÷80%＝37・5万円で見積りを提出します。そのうち、7・5万円があなたの利益となります。年間掲出料も同じ算出方法です。年間掲出料が15万円であれば、15万円÷80%＝18・75万円です。このうち、3・75万円があなたの利益となります。

この金額で受注となれば、初年度の売上は、初期費用37・5万円＋年間掲出料18・75万円＝56・25万円。手数料である利益は、11・25万円となります。

野立て看板をひとつ設置しただけで、11・25万円もの利益が出ます。そして、2年目は年間掲出料のみの売上となるので、売上は年間掲出料18・75万円で、利益は3・75万円となります。この野立て看板の契約が10年間続けば、毎年請求書を出すだけで、利益が37・5万円にもなってしまいます。

まさに**不労所得といっても過言ではない、おいしい仕事**です。

［ 野立て看板の売上と利益の例 ］

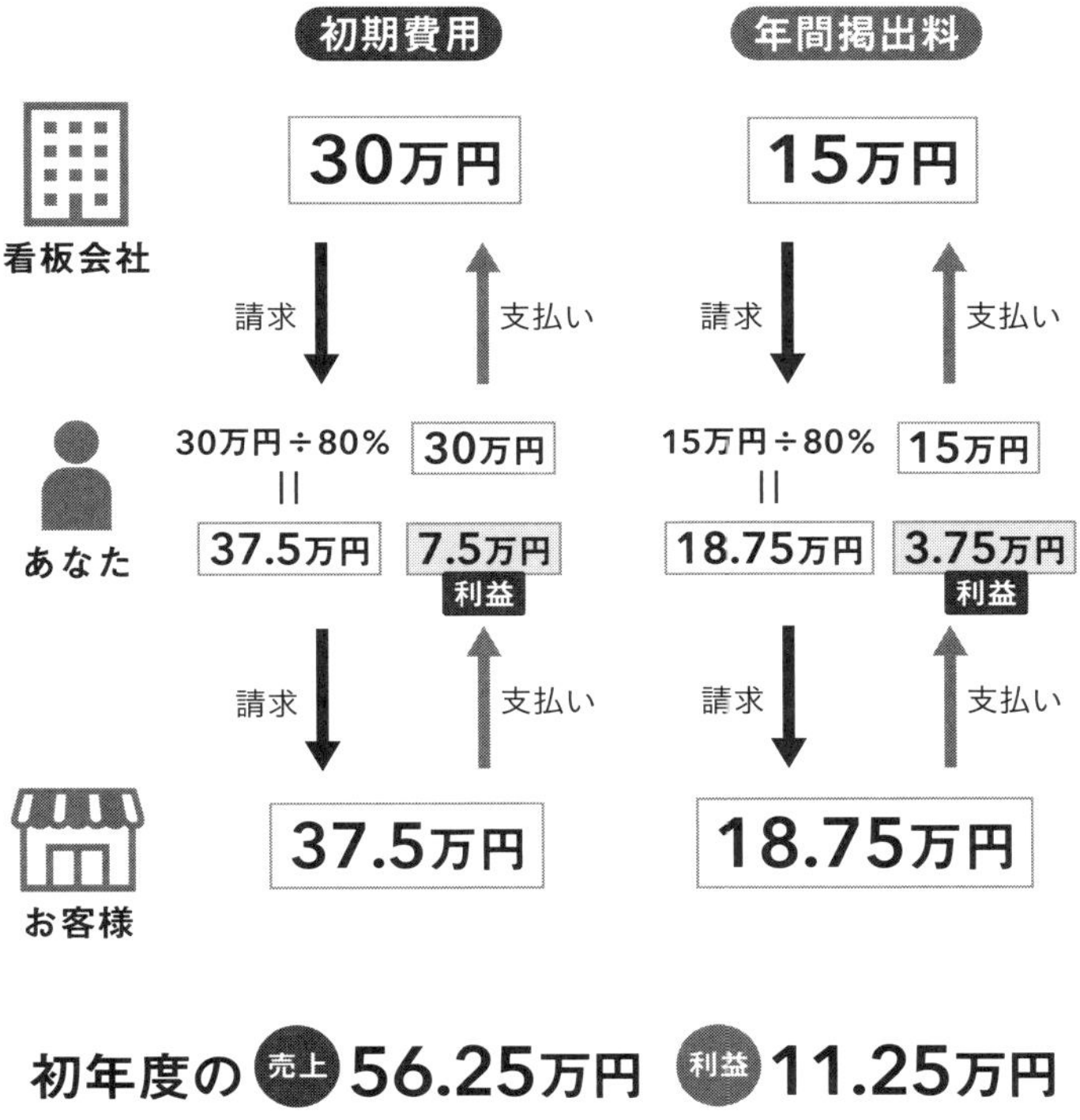

売上金額が増え、利益が増えても労力は同じ

看板は初期費用に関するサイズ、仕様、設置方法が変わっても、年間掲出料の金額が違っても、あなたの作業量は変わりません。

①お客様に看板が掲出できる場所やサイズを提出

②デザインを決める

③看板を設置し、お客様に請求する

基本はこのような流れですが、看板が掲出できる場所やサイズの資料を出してくれるのは看板会社。デザインを提出してくれるのも看板会社。あなたはお客様と看板会社の間で、伝言役をするだけでいいのです。しかも、2年目以降はお客様に、契約更新するかを確認し、請求書を出すだけ。くどいようですが、10分もあればできてしまう仕事です。

さらに、**手数料をパーセンテージ設定にしているから、当然ですが、売上金額が上がれば上がるほど、それに比例し、利益もアップします。しかも労力は変わらずにです。**

これが看板広告の儲けのカラクリでもあります。

なお、広告業界では、仕入れに対して20％程度の手数料を設定するのが一般的ですが、これに固執する必要はありません、柔軟に対応してもいいのです。同じように看板の仕事をしている人が悩んでいました。

「1万円の売上の時、手数料が2000円って、この業界って辛いよね」と。

売上1万円ということは、仕入れ8000円ということです。

「手数料20％って業界の常識みたいになっていますが、それでは働いた時給も出てませんよね。わたしは、そういう時は倍の金額の1万6000円で販売してますよ」

とわたしが言うと、その人は目から鱗だと驚いていました。

手数料を20％以上取ったことがなかったその人はさっそく実践し、倍額でお客様に提示してみました。そうするとどうでしょう。

「手数料20％という固定概念を捨てて、倍額で販売したけれど、何の問題もなく受け入れられてしまい、逆にこちらが驚かされました」と嬉しい報告がありました。

時には固定概念に執着しすぎず、柔軟に対応することも大切です。

Tips

5-2

野立て看板のサイズや仕様、形状はすべてオリジナル

まずは野立て看板そのものを理解しよう

野立て看板の多くはアルミ複合板という素材を使います。アルミ複合板というのは、樹脂の板をアルミの薄い板で挟み、1枚の板にしたものです。物が当たっても凹みにくく、ある程度の強度があるうえに、軽量で耐久性に優れているということで、野立て看板ではよく使われる素材です。

このアルミ複合板の上に、デザインしたインクジェットシートの出力を貼ります。アルミ複合板は、日差しを浴びても高熱になりにくく他の金属素材よりも色褪せしにくい素材です。

これをアルミ複合板からステンレスの板に変えると、色褪せの進行が早くなります。これは、ステンレスが太陽光の熱を貯めやすいためです。このような理由を加味し、野立て看板には安価で、加工しやすいアルミ複合板がよく使われます。このアルミ複合板の基本サイズは、だいたい畳1畳分の900㎜×1800㎜となります。

なぜ、1m単位の寸法になっていないかと言うと、建物の寸法の多くが「尺」を使っているからです。900㎜×1800㎜というサイズが尺でいう、3尺×6尺。看板会社はこれを、**「サブロク」サイズ**と呼んでいます。

流通量が多く、1枚単価が安価に設定されているため、このサイズを基本に考えます。これ以上のサイズになると複数枚を貼り合わせ、それ以下のサイズであれば、1枚をカットして使用します。

貼り合わせた部分は、補強をするため、強度の問題はありませんが、貼り合わせないほうが美しく仕上がり、長持ちします。

よって**サブロクサイズより少し大きめのサイズの看板を考えているようなら、サブロクサイズに収めて製作することをお勧めします。**

看板は長期掲出するものです。年々劣化していくのは避けられないことですが、どうしてもこの継ぎ目があると、そこからシートが割れていく、はがれていく、浮いていくなどの劣化が起きやすくなります。

ある店舗がリニューアルに合わせて、900㎜×2100㎜サイズの誘導看板を設置しました。サブロクサイズより少し大きめなので、アルミ複合板2枚を貼り合わせて、製作されていました。

できた当初は、きれいな看板だったのですが、1年ほど経つと継ぎ目からバリバリと割れ、シートが浮いてきて、看板面の貼り替えをしないといけない無残な姿になっていました。アルミ複合板の継ぎ目の補強や下地処理が甘く、このようなことになってしまったのです。お客様から看板補修の相談があったため、「あの誘導看板、どこでつくってもらったんですか?」と聞くと、「店舗をリニューアルしてもらった工務店さん経由で○○看板さんだったと思いますよ」と教えてくれました。創業40年以上の老舗の看板会社ですが、安さを売りにしていて、長期間の掲出を見据えた施工ではないため、そこが施工した看板は劣化が早いのです。最初は安く施工できても、短期間で看板面の補修と貼り替えが必要になると費用がかさみます。

依頼前から、看板会社の技術力は判断しにくいものです。

この場合であれば、３００㎜だけ小さな看板にすれば、１枚のアルミ複合板で製作でき、貼り合わせる必要はなく、多少丁寧さに欠ける施工であったとしても劣化を防ぐことができたはずです。

つまり、**１枚のアルミ複合板のサイズを意識してデザインすれば、耐久性が高く、材料費や作業賃などのコストも抑えられる**ということです。

「お客様の要望だから絶対に幅は２１００㎜にして」とこだわらず、お客様にもメリットとデメリットを説明し、よりコスパのよい看板製作を心がけたいものです。

看板のフレームとして使うのはアルミの角パイプ・支柱は鉄骨

アルミ複合板の裏面は、アルミの角パイプなどで枠組みをつくり、その上に看板面であるアルミ複合板を貼りつけます。これは台風や強風時に割れにくい強度を担保するためです。

この際、アルミの角パイプを使用するのは、看板面の軽量化を考えてのことです。看

［ 野立て看板の構造 ］

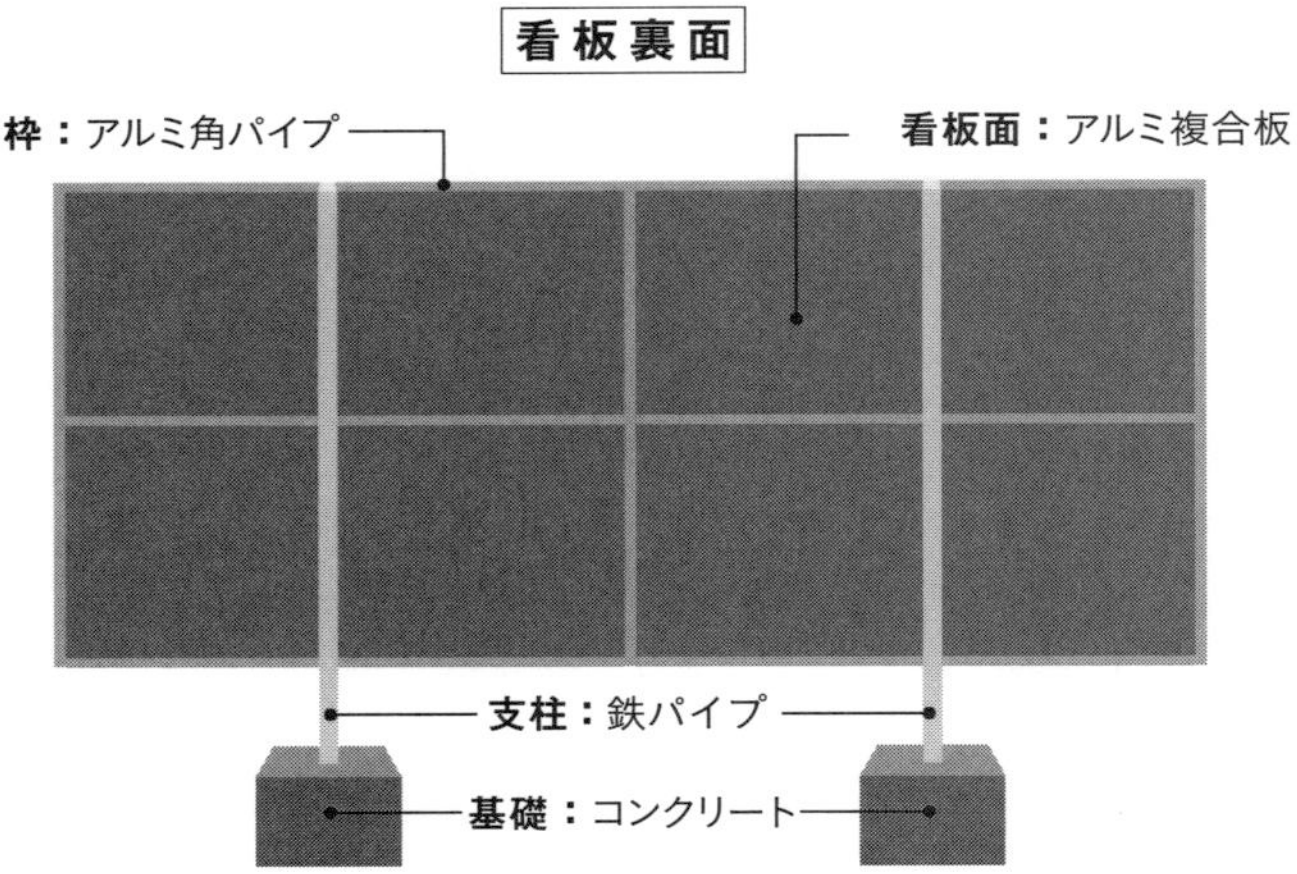

板面の重量が増えれば、支柱を太くする、地中に埋める部分を長くして深く埋めるなど、さらに費用もかかってくるからです。

なお、看板を支える支柱は、単に地中に差し込むのではなく、コンクリートで基礎をつくり、強風などでも倒れないように固定します。強度計算をしたうえで、地中に埋め込む支柱の太さや深さを決め、コンクリート部分の基礎工事を行っていきます。

アルミは腐食にも強いため、すべてアルミでまとめたいところではありますが、支柱にはアルミよりも強度があると言われている鉄骨の角パイプを使用します。鉄骨の角パイプはさび止め入りの塗装などを施していたとしても、いつしか錆びますが、この強度に勝るものはありません。できるだけ長く錆びない状態を保持し、錆びた場合は、その上からさび止め入りのペンキを塗り、美しい状態を保持していきます。

このように一見、構造的にも簡単そうに見える看板ですが、看板会社のさまざまな知識と経験が詰まっているのです。

インクジェットシートの耐久性が重要

看板面のデザインは、基本的にインクジェットシートの出力を貼りつけます。短期用（1年以内）、中長期用（3年〜5年）・長期用（5年〜7年）といった掲出期間によって、シートの種類が異なります。短期用はシート価格が安く、長期用になるほど高くなっていきます。また、シートにラミネート加工を施すことで、さらに耐久性を高めていきます。

なぜ、この耐久性について伝えたいかと言うと、知り合いの野立て看板のシートが浮き、ひび割れ、色褪せをし、見るも無残な姿になっていたからです。

その看板を見つけた時、わたしは知り合いにすぐさま「駅前にある野立て看板、すごく劣化していましたよ」と伝えました。

話を聞くと「まだ1年くらいなんだけど、他のお客様からも言われちゃって」とのこと。看板関連の仕事をしていない人でも分かるくらいの劣化です。

確かにこの看板は、色が褪せやすい西日が当たる向きに設置してありますが、それにしても劣化するのが早すぎます。

西日が強く当たる場所は色褪せが早く、割れてくることもあります。

インクジェットシートは紙のように見えるのですが、ポリ塩化ビニルという薄いプラスティックのシートなので、下地処理などが悪いと割れるという現象が起きてしまうのです。

とはいえ、このように1~2年でインクジェットシートを貼り替えないといけないほど劣化してしまうのはおかしい状態です。このようなことが続くようであれば、看板会社は変更する、もしくは劣化しない方法を検討してもらうということが必要です。

頻繁にインクジェットシートが劣化してしまえば、何度もシートの出力費をお客様に請求することになり、売上としては上がります。しかし、顧客満足度が低下してしまい、お客様が逃げてしまう可能性もあります。**看板広告を副業にするメリットは、「毎年請**

求書を出すだけで売上獲得できる、しかも長期にわたって」というところです。

ですから**耐久性が高く、長期的にリニューアルしなくてもよい看板を製作してもらい、手間なく、手数料を獲得することがとても大切**なのです。

看板の形状は四角にとらわれなくてもＯＫ

野立て看板は、四角の板にデザインされたものというイメージがあるかもしれませんが、四角である必要はありません。

アルミ複合板はさまざまな形状にカットしやすいというのもメリットのひとつ。その強みを生かし、さまざまな形状の看板がつくれます。

例えば、あるジュエリーショップの看板は、四角の板から、指輪の土台やダイヤモンドの部分が突出した形状になっています（次ページ写真参照）。珍しい形状の看板は、通行者の注目度がアップし、クチコミされることも多くなります。認知度が高くなり、店舗への誘導、ＷＥＢサイトへのアクセス数のアップも見込めます。

特殊な形状の看板は、提案した時にお客様がワクワクするだけではなく、初期費用の

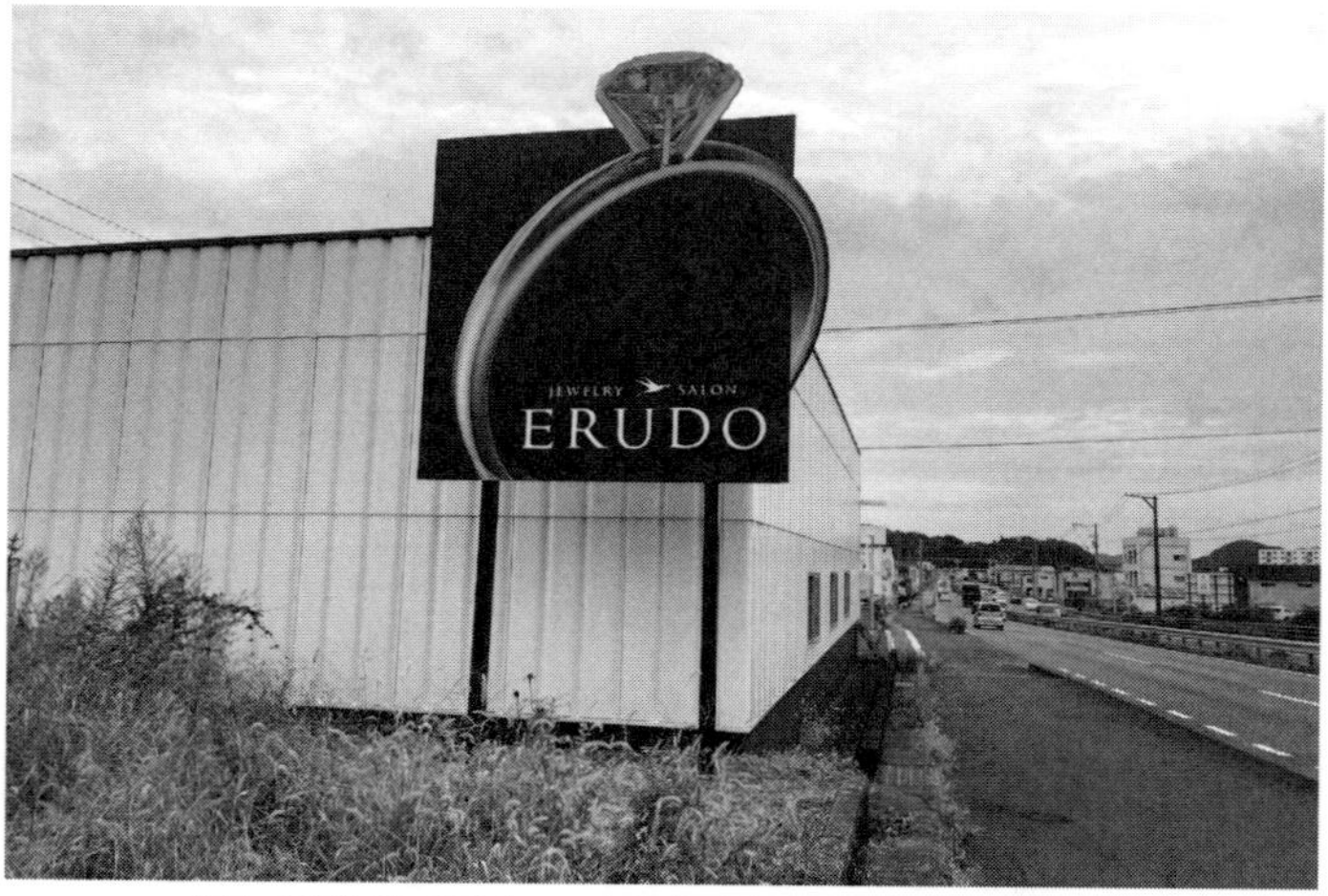

野立て看板はデザインの自由度が高く、顧客満足度も高い

売上アップ、手数料アップと、双方がうれしい、Ｗｉｎ－Ｗｉｎの看板となります。看板の副業に慣れてきたら、このような変わった形状の看板にもチャレンジしてみてください。

提案する際のコツもお教えしておきましょう。

ポイントは、そのお客様が人とは変わったことがしたい人かを見極めること。もし、お客様がそのような思考であれば、上の写真のような事例をネットでたくさん検索しておき、見せてみてください。

ネットで検索した、どこかの誰かがつくった変わった形の看板の写真でかまいません。決して、あなたがゼロから考えたものである必要はありません。

その写真を見せながら「こんな変わった形の看板も面白いですよね」と伝えてみます。するとお客様は「こんな看板もつくれるの？」「これもいいね、ここをちょっと変えてこんな看板もいいね」とワクワク盛り上がっていきます。

こうして**気持ちが「変わった形の看板」に向いてしまえば、もう四角い看板には戻れません。初期費用での売上アップ確定**です。お客様の看板は目立ち、販促効果もアップします。お客様もあなたも、どちらにとってもおいしい看板となるわけです。

このようにお客様にワクワク感を与えることができれば、その後もあなたに継続して依頼し、さらに、新たなお客様を紹介してくれる要因となります。

ただネット検索した、いろいろな形の看板の写真を持って行っただけなのに、「いつもあの人に相談すれば、面白い提案をしてくれる」と、どんどんいろいろなことを相談してくれるようになるのです。

オプションで、初期費用をアップ

変わった形の看板にする以外にも、夜でも見えやすいようにスポットライトをつける、車のヘッドライトがあたった時に反射するようなシートを使用するなど、オプション的に仕様を変更していくことで、初期費用のアップが見込めます。

なかでもスポットライトは、提案がしやすいオプションのひとつです。

外灯が少ない場所では、夜も看板が見えるようにスポットライトを設置します。夜も営業をしているレストランや美容院などは、暗くなっても誘導看板としての威力を発揮してもらう必要があります。夜は営業していない病院などであっても、スポットライトをつけることで、日中よりも目立つ看板になり得ます。

このようなスポットライトをつけた時の効果を伝え、設置の方向で話をしてみるとよいでしょう。**スポットライトは、機材代だけではなく、電気工事も必要なため、大幅な初期費用のアップが見込めます。**

なおスポットライトは、看板設置後でも追加でつけることができます。

看板設置後に提案したい時は、看板を夜に見に行き、どんなふうに見えるかの写真を撮ります。看板が見えにくければ「夜はこんなふうに看板がほとんど見えないですね」と写真を見せながら伝えると、「せっかくつけたのだから夜も見えたほうがいいね。照明つけてもらおうかな」とお客様のほうから言ってもらえることが多いです。

売り込むというより、状況報告をするだけ。このようなこまめな報告をしていくことで、売上がどんどんアップしていきます。

このように、手数料は基本の20％のままでも、看板の形状を変わったものにしたり、スポットライトなどのオプションをつけることにより、利益がアップします。慣れてきたら、オプションの提案も行い、一時的な利益も確保していきましょう。

Tips

5-3

看板掲出場所の調査は看板会社におまかせでOK

看板掲出場所の調査は看板会社に要望を伝えるだけ

お客様より、野立て看板を設置したいという話をもらったら、目的や費用感、希望の場所などをヒアリングします。

この時、「では、看板を出す目的から教えてください」と言われると、なんだか身構えてしまいます。ヒアリングする際は「何か悩みがあって看板をつけようと思ったのですか？」といった感じにラフに聞いてみましょう。

お客様が「もっと生徒さんを増やしたいのよね」と言えば、「生徒さんの集客をもっとしたいのですね。どのあたりから来ている生徒さんが多いのですか？」と目的からターゲット、掲出場所の参考になるような要素を、どんどん掘り下げて聞いていきます。ヒアリングした内容は、看板会社に事細かに伝え、看板が掲出できる場所を探してもらいます。**看板掲出の場所調査は無料**です。見込みがあるお客様がいるのであれば、どんどん調査してもらいましょう。**看板会社とはワンチームと考え、注文につながる最善の提案ができるよう、協力し合い、契約まで進めます。**

掲出場所の調査の際、看板会社に伝えることは次の通りです。

①広告主の情報を伝える

広告主の名前、住所など、基本的な情報を伝えます。誘導看板の場合は、住所がキーポイントとなってきます。どのような業種、どんなサービスを行っているかなど、業務概要を伝えるとより適切な掲出場所を探してもらえます。

②目的を伝える

看板掲出の目的が、道案内のための誘導看板なのか、認知度向上のための販促看板な

のかを伝えます。

道案内の誘導看板の場合は、「駅方面から店舗方向へ歩く人が多くて、来店客はだいたいここの角を曲がるみたいです」といった情報も伝えます。人の流れが分かる情報まで伝えることで、看板会社がどこに設置すると最善かを考え、資料をまとめてくれるからです。

販促看板の場合は、「小学生・中学生メインの英語塾で、その親御さんがよく見る場所に看板を設置したいようです」などと販促していきたいターゲットを伝えます。「海外留学の斡旋もしている英語塾なので、私立でお金に余裕がある層を獲得していきたいようです」と雑談で聞いた内容であっても併せて提供することで、より精度の高い看板掲出場所をリストアップしてくれます。

④費用感を伝える

初期費用は一時的なものですが、年間掲出料は支払いが継続するものです。お客様が看板を設置したことがなかったとしても、「これくらいの予算でできたらいいな」と思っている費用感があれば、確認しておきます。

これをしておかなければ、マップと見積りを提出したのに、返事がないという状況になってしまいます。つまり、それは**お客様の思い通りの費用感ではなかったということです。**

このような状況になった時は電話で一報を入れましょう。

「先日の設置場所とお見積りはいかがでしたか？」と連絡を入れると、「あの初期費用は一括では払えそうにないから、看板を出すのは断念するよ」とか「もう少し安く出せるのかと思っていたけど、予算オーバーで」と、なぜ連絡をしにくい状況になったのかを教えてくれます。

これが分かれば、「どれくらいでしたら払えそうですか？　初期費用を分割払いにもできますよ」とか「もう少し小さいサイズの看板にして初期費用を抑えたものを提出してみます」「年間掲出料を抑えられる設置場所を再検討してみますね」といった次の一手を打つことができます。

返事が滞っていると感じる場合は、メールで再度連絡というのもよいですが、電話で事情を聞いてみることが大切です。

このように、初期費用や年間掲出料の予算を確認しておくと、よりお客様の要望に近い提案ができ、二度手間、三度手間を防ぐことができます。あらかじめ費用感を聞いて予算が分れば、看板のサイズや仕様におおよその目安がつき、最短時間で受注に結びつけることができます。

⑤希望の場所を伝える

このエリアのターゲットへ特に周知したい、お客様が多いのはこのエリアなど、看板掲出場所を選定するのに、ヒントとなる情報を伝えます。

あるリフォーム会社の場合は、「この住宅地はちょうどリフォームする時期にきている家が多く、顧客を拡大したくて」という要望でした。

リフォームする人が多いのは、「住宅地が開発されてから一定の期間が経過し、水廻りや外壁などが傷みはじめている家が多い」こと。さらに「ちょうど子どもが家を出て、家族のライフスタイルが変わり、間取りを変える人も多い」などが理由でした。このように踏み込んだ部分まで、聞き取りをします。

この他にも、中途で看護師の採用強化をしたい病院からオファーをいただいた時は、現在看護師で働いている人、また出産や育児で一時的に看護師の仕事を辞めている人をターゲットにしたいという要望がありました。

ここでも「現在看護師で働いている人はどこの病院に勤めていた方が多いですか？」「どこから通勤されている人が多いですか？」など、実際にその病院に中途採用された人の詳細を確認しました。

その時に、「車で10分くらいのところに病院が2つあるけれど、そこからの転職が多いよ」などと確認できれば、その周辺に看板を掲出することで、より効果の高い採用看板とすることができます。

また、病院からほど近い場所に、市民体育館併設の巨大遊具がある公園がありました。育休から復帰した看護師さんに聞いてみると、その場所は市内から小さなお子さんたちを連れた人が集まってくるということ。「ここにターゲットが来そうだな」とあたりをつけました。

このように実際のデータや声を活用し、それに沿った提案をすることで効果が高い看板になります。その周辺で看板が出せる場所をピックアップすれば、何度もやりとりすることなく、最短で要望通りの設置場所を見つけることができます。

看板の掲出場所として、探してほしいエリアを説明するのに必要な情報を聞き取った

ら、そのポイントをGoogleマップなどに書き込んでいきます。近隣の大きな病院と公園を黄色でマーキングし、その人たちが通行しそうな場所を赤でラインを引きます。

この書き込みした資料を看板会社にメールで送ります。その際、「国立病院～□□病院まで渋滞で停車している車も多く、この2つの病院からの看護師の中途採用が多い」「看護師は、結婚・出産で離職される人が多く、体育館併設の大きな公園にお子様と一緒に行くよう」と、なぜこのエリアに絞ったのかも伝えます。

より**多くの情報を伝えることで、看板会社も適切な位置を見つけ、提案できる**のです。

看板会社が準備してくれるマップ資料とは？

伝えた情報で、どこに看板を設置できそうか、マップの中に数字を入れてくれます。分かりやすく、①の場所は建物の壁面につける看板で、③の場所は足をつける野立て看板。このサイズで、この位置につけられそうという、イメージできる写真とともに提出してくれます。

所有者や地主には交渉前の状態ですが、お客様がイメージされている場所とこちらが

［看板会社からの資料の例］

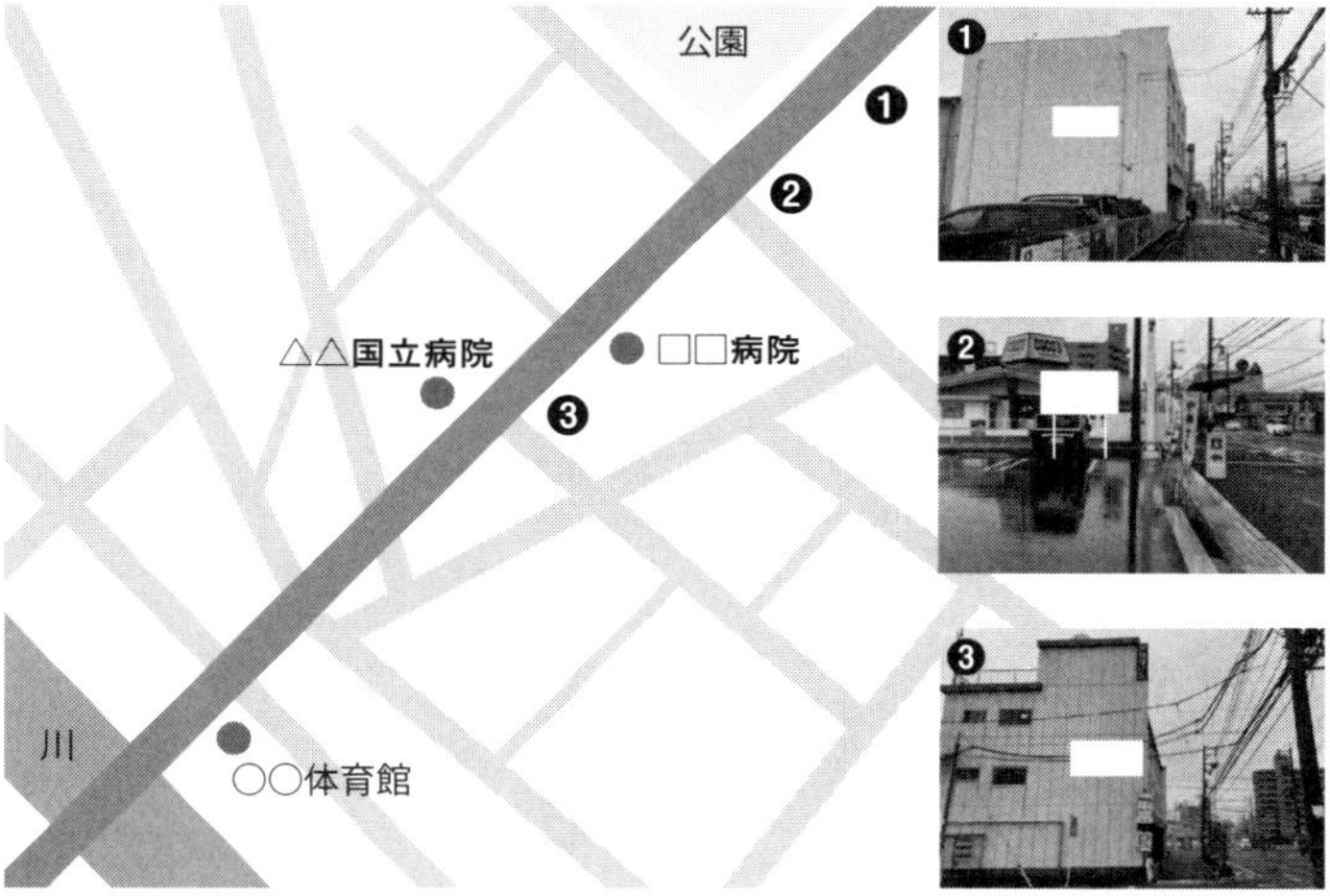

最適と考えている看板設置場所の擦り合わせを行います。

それと合わせ、初期費用である看板製作代＋デザイン制作費＋看板設置費の概算見積りをもらいます。

年間掲出料に関しても、このエリアであれば、だいたい相場として月2・5万円×12ヵ月で年間30万円ほどの掲出料になるだろうなどと提示してくれます。

このような看板会社が準備してくれた資料を持ち、見積りには手数料20％を上乗せし、提案するだけです。

エリア指定がない看板掲出位置の決め方

お客様にヒアリングをしたけれど、先ほどのような「このエリアに出したほうがよさそう」というようなヒントとなる情報が出てこない場合もあります。その場合は、**ターゲット層などを加味し、国勢調査、人口分布のデータや道路の交通量、渋滞の有無などの情報も参考にしながら、提案する設置場所を選定してくれます。**

例えばブライダルエステ専門店の場合、結婚式をする新婦がどこに立ち寄るかを考えます。結婚式の会場の下見や打ち合わせに行くので結婚式場、結婚式の前に衣装合わせに行くのでレンタル衣裳店、婚約指輪の購入のためブライダルジュエリーのショップに立ち寄ると想定されます。事前に入籍を済ませると考えると市役所に立ち寄ることも考えられるでしょう。

看板会社は、そうした立ち寄りポイントに行くルート上の交通量が多い場所、渋滞しやすい場所などを加味して、看板掲出すると効果がありそうな場所をピックアップしてくれます。

自由度が高いのですが、このような情報を一つひとつ考慮していくと、必然的にこの場所に看板掲出するのが最善という場所が導かれるものです。

交渉が難航する場合や地主と連絡がとれないこともある

看板会社にとって、大変な仕事は新規の看板掲出場所への設置交渉です。土地の所有者が高齢であったり、土地の管理に関心がなかったりする場合、交渉が進まないこともあります。このような場合、看板会社は地主に何度も訪問して説明し、看板設置のメリットなどを丁寧に説明し、看板掲出許可をもらえるよう努力してくれます。

まだ、土地の所有者と話ができる場合はいいのですが、空き地や使用していない田畑、活用できそうもない土地の場合、地主と連絡が取れないことがあります。

土地の名義を変更していない、相続などで名義人が近くに住んでいないといったことが要因です。

このような時は、近隣の人に確認をしますが、最近は個人情報保護の観点から、なかなか教えてもらえないことが多いと聞きます。

また、近所づきあいが希薄になってきている昨今、近隣の人も相続人が息子さんや娘さんだったとしても連絡先を知らないことがあります。

土地の所有者と連絡がとれても、掲出許可をもらうこと、さらに年間掲出料の決定までに時間がかかることがありますし、さらに、相続の場合は、所有者が複数いる場合もあります。その場合は、全ての所有者の合意を得る必要があり、さらに交渉が複雑になります。そのような**複雑な交渉を看板会社はしてくれている**のです。

土地の所有者との交渉は一筋縄ではいかないこともありますが、経験豊富な看板会社が適切な契約を結ぶために尽力してくれます。結果として、広告主は効果的な広告掲出を実現し、あなたも満足のいく契約を行うことができるのです。

Tips 5-4

空き看板は看板の足に書いてある看板会社へ問い合わせ

短期間で看板を掲出するには既存の看板を探す

看板会社に設置場所の選定を依頼すると、1週間ほど時間がかかります。さらに、お客様が「ここに掲出したい」と決めてくれても、そこから所有者を探し、設置交渉をしなければならないため、設置完了までに少なくとも1ヵ月以上はかかります。

そのため、短期間で看板掲出をしたい場合は、既存の空き看板を探します。手順は変わらず、お客様の要望をヒアリングした後、その要望に合った看板が周辺にないかを看板会社に探してもらいます。**看板会社は横のつながりも強く、他の看板会社や管理会社が持っている空き看板などもまとめて提示してくれます。**このようにプロの人脈を使え

管理会社の連絡先が掲出された空き看板

ば、短時間で看板掲出場所を提示してもらうことも可能です。

看板会社に頼まなくとも、あなたが空き看板を探すこともできます。空き看板は、今までの広告主の看板が見えないようにシートで覆ってあったり、シートが貼ってあったりと、次の広告主を募集しています。そこには、看板の管理会社の社名や連絡先が大きく表示されています。これは空き看板に限らずですが、**看板の足、支柱の部分の小さなプレートに、管理会社の社名と問い合わせ先が書いてある場合もあります。**そのような空き看板を探し、管理会社に初期費用や年間掲出料を確認すれば、最短で提案が可能です。

わたしは全国にお客様がいるため、空き看板を探すためだけに、現地に行けません。ですから、その周辺に付き合いのある看板会社がない場合は、まずＧｏｏｇｌｅマップのストリートビューを使います。

よさそうな看板を見つけたら広告主募集と書いてある電話番号の管理会社に「○○県で広告代理店をしている○○です。○○町にあるラーメン店の誘導看板を探しています。ストリートビューで○○交差点のところに空き看板があるのを見たのですが、まだ空いていますか？」と問い合わせをします。

そうすると「そのお客様の誘導看板だったら、○○交差点も空いているけれど、182号線沿いの交差点のほうに空き看板あるから、そっちのほうが目立つよ」とはじめての連絡なのに、親身になって教えてくれます。

適切な空き看板が見つからなくとも、そのエリアのどこの看板会社が取り扱いが多いのかが見えてきます。その看板会社にお客様の要望を伝え、空き看板を探してもらうこともできます。**空き看板はすでに土地の所有者と設置や年間掲出料の交渉は済んでいるので、特別な理由がない限りは看板の契約がスムーズに進みます。**

既存の看板であれば製作時間も最短

既存の看板であれば、インクジェットで出力したシートを貼りつけるだけ。スピード感が違います。初期費用は、看板面のインクジェット出力代、そのシートを貼りつける設置費、デザイン制作費となり、お客様からするとコストの圧縮にもつながります。

ある時、ラーメン店のオーナーから「新規出店する誘導看板を設置したい」との依頼を受けました。以前は大手ラーメンチェーン店が入っていた店舗を、地元ラーメン店のオーナーが借りることになったのです。

大手ラーメンチェーン店も近隣に誘導看板をつけていました。「以前のラーメンチェーン店の誘導看板が曲がり角にあるから、そこを活用してはどうでしょうか？」と、そのラーメンチェーン店が長年使用していた野立て看板に新たな看板を掲出することを提案しました。同じ立地の誘導看板で、同じ場所のラーメン店に誘導するとなると、とても分かりやすいのです。「大手ラーメンチェーン店のマーケティングチームが最適と思い、看板を出した場所だから効果がありそうですね」と伝えると、既存の空き看板の場所に設置することになりました。結果的に、予想以上の集客効果を上げ、オーナーもたいへん満足してくれました。

このように、過去に実績のあった場所での看板設置は、新規の場所よりも高い効果が期待できます。

大手や有名店の看板であれば、なおさらです。既存の看板がある場所は、大手や有名店のマーケティング戦略に則り、この立地が最適と判断し、看板を設置した場所です。その戦略を十二分に活用できるからこそ、効果の高い看板となります。効果が未知数の新規の設置場所よりも一気に効果が出ることが多いのです。

また、看板会社が担当する設置に伴う許認可手続きや申請作業の簡略化できるという点もメリットです。さらに、既存の看板はすでに周囲に認知されていることも効果が出る要因となります。「あそこの看板、他の店舗に変わったね」といったように話題になることもあります。

お客様からすると既存の看板を活用することで初期費用のコストを抑えることができ、看板掲出までの効率化ができるだけではなく、マーケティング戦略にマッチした効果ある看板が設置でき、あなたの評価もアップします。

お客様は想像以上にコストを抑えられ、スピーディに看板掲出できたことに感謝し、さらに効果が出たことで、もうひとつ看板を出してもいいかなと思いはじめます。

既存資源である空き看板を最大限に活用することは、お客様のコストや時間を抑えるだけではなく、結果として、副業での売上や利益を増やすことができるのです。

Tips
5-5

野立て看板は個人商店から大型モールまでがターゲット

小さな店舗こそ必要な誘導看板

例えば、コメダ珈琲店のような大手チェーン店と比べて、オーナーがひとりで経営するカフェは目立ちにくいものです。

サイズ感や立地だけでなく、もともとの認知度も低いため、**大規模に展開している有名店以上に看板が必要なのは、こうしたひとりオーナーのカフェ**なのです。適切な場所に電柱がない場合は、野立て看板をお勧めしましょう。

路地に入る時に迷うことが多いとなると、曲がり角に看板を掲出します。多くの看板がひしめき合っている場所ではないので、「〇〇カフェはこちら」と矢印がついた小さな野立て看板で十分です。もしかしたら、Ａ３サイズほどの小さな看板でも十分目立つかもしれませんし、小さい看板であれば初期費用も抑えられ、年間掲出料も数万円で済むでしょう。こういうカフェこそ、誘導だけではない効果を感じられる看板が必要となります。

野立て看板は大きなサイズから小さなサイズまで対応でき、かつデザインの自由度も高いので、このような店舗もお客様となります。

通年で考えると、意外と安い看板広告

個人経営の美容院が郊外の主要道路沿いに野立て看板を設置したとします。有名な美容院予約サイトの有料契約をしていたとすると、年間の広告費は少なくとも数十万円に上ります。

ある美容院のお客様が「ずっと予約サイトに依存しているから、いつか脱却したい」と言っていました。

掲載店同士でどうしても比較されてしまうので、新規顧客をとろうとするとはじめて

の方への限定クーポンで安くするしかありません。その予約サイトの有料契約をランクアップすると、検索した時の順位が上がるなど利点もありますが、どこまで行っても、その予約サイトで予約しようとする人にしか美容院の情報は届きません。

脱却したいのであれば、店舗周辺に野立て看板を設置したほうが、新しいターゲットにリーチできるようになります。

毎日通行者にアピールでき、近所の人が知り、直接予約し、来店してくれます。**近所というのは最強の武器**。クーポンの金額を比較しながら来る顧客より高単価で、息の長い顧客になります。

さらに、誘導看板であれば、美容院の場所を案内するだけでなく、「駐車場はこちら」と現地に到着して、右往左往しているお客様のサポートもでき、気持ちよく来店してもらえます。このような多くの魅力が野立て看板にあることを話せば、個人経営の店舗であっても、野立て看板のお客様になる可能性があるということです。

看板掲出ナンバーワンは病院

野立て看板に限らず、**看板の掲出ナンバーワンは、病院**と言われています。なぜなら、病院は医療広告規制により、例外を除き、一般の店舗や企業のように折込広告やポスティングをしたり、テレビCMを打ったり、WEB広告を配信することができないからです。

その**医療広告規制を守りながらできる広告手段のひとつが看板**なのです。もちろん看板に載せる内容にもルールがあります。しかし、看板は情報を入れすぎない、詰め込みすぎないほうが視認性がよい看板となります。そのため、看板広告は病院にとって好条件の販促ツールなのです。

ある個人病院は、「誘導看板をいろいろなところにつけて、病院を周知したい」と四方八方からお客様を誘導するために、看板を多数掲出しました。

国道沿いから曲がる場所へひとつ、国道沿いの反対方向から来る人のために交差点にひとつ、丘の上の大きな道との分かれ道にひとつなど、病院の近隣の誘導看板だけで、5ヵ所掲出していました。さらに、ターゲットとなりそうな年齢層が多く住んでいる団地の入口にも看板を設置しました。

先生がひとりの個人病院だったとしても、6ヵ所の看板を掲出することだってあるのです。1ヵ所の年間掲出料が24万円だったとしても、年間の掲出料だけで、売上は144万円です。手数料を20％に設定していれば、利益は30万円弱。こうしたたくさんの看板を出しそうな病院との関係性を深め、お客様にすることができれば、毎年請求書を出すだけで、30万円弱の利益が獲得できます。

多くのお客様にアプローチし、1ヵ所ずつ契約することも安定収入を得るには必要ですが、病院をターゲットとし、「あの場所はどうですか？」「この場所はどうですか？」とアプローチし、設置数を増やしていくのも売上を伸ばすひとつの手です。

衝動的な行動につながる野立て看板の効果とは？

また、野立て看板は、衝動的行動の一因になることがあります。だからこそ、大型モールやアミューズメント施設は、大きく目立つよう野立て看板を立てるのです。

道路沿いや畑に立っている野立て看板は、自然に目に入ってしまう看板です。例えば、街中を車で走っていると「１００m先スターバックス」の看板が目に入ってきました。「喉が渇いた」わけでもないのに、なんだか珈琲が飲みたくなり、つい立ち寄ってしまいます。これも衝動的な行動です。

今日は行くつもりはなかったけれど、大型モールの看板が目に入ったことで、なんとなく行けば楽しそうと、「○○モールでも行こっか」と目的もなく、とりあえず行ってみることになります。

友だちとドライブ途中にアミューズメント施設の看板を目にすれば「ボウリングでも行く？」とついつい向かってしまいます。このような**衝動的な行動を起こさせ、売上に直結するのも看板の魅力です**。

特に観光名所など、知らない場所であればあるほど、その衝動的行動による売上増加の効果は高まります。「いちご狩り ここを右折」「次の信号手前 ○○産直市場」といった看板を見た観光客は、観光地マップやガイドを見て、計画を立てていたとしても、今しか行ける時はないとついつい寄ってしまうことだってあります。

また、その地域のお酒や饅頭、特産品などの販促看板は、看板で情報や知識を得て、

「あのお酒、この辺でしか買えないんだったら、買って帰ろうか」と売上に直結もするでしょう。

このような衝動的行動を誘引できるのであれば、近隣にたくさん看板を出していたほうが、集客ができます。看板は長期的に掲出することでボディブローのように効いていくのが基本ですが、衝動的行動につながることもあるのです。

Tips

5-6

あの交差点の看板となれば契約解除の心配なし

目印になる看板を目指せ

野立て看板は、長期的に掲出していれば、地域に根付いた看板になり、交差点の愛称のようなものになってしまう場合もあります。

例えば、ある交差点に老舗醤油メーカーの看板が設置されていました。近くには、ドン・キホーテがありますが、できたのはこの看板が掲出された時よりもずっと後のこと。国道の交差点を曲がったところにある店舗の説明をしようとする時、「ドン・キホーテの交差点を曲がって」と言いそうですが、地域の人は「〇〇醤油の看板を右折して」と、誰もが知る目印になり、地域に根付いた看板になっていました。

それだけ、看板は刷り込み効果があるということです。

この看板は、メーカーの醤油の瓶が数本並び、黄色の背景でインパクトがある認知度向上を目的とした販促看板でした。同じ場所には、横幅5mほどの看板が3枚、一緒に掲げられて、上から3枚目が醤油メーカーの看板です。

同じ場所に設置してあるので、他の看板の内容も思い出せそうなものですが、この地元の醤油メーカーの看板はちょうど車からよく見える位置で、地元の人は醤油メーカーの看板だけを目印にしていたのです。

このように、目印になる看板になれば、契約解除になることはほとんどなくなります。

野立て看板は24時間365日PRを続けてくれる

近年、WEB広告などが重視されていますが、野立て看板はWEB広告を見たターゲットに対し、売上につながるよう、背中を押すという効果もあります。

地方の工務店が販促方法をWEB広告に切り替えた時のことです。確かにWEB広告が表示されている回数は多く、サイトへ誘導はできていました。

有名住宅メーカーと違い、ＷＥＢ広告だけでは信頼性に欠けるのではないかと野立て看板を設置することになりました。ＷＥＢ広告から誘導されたサイトを閲覧すれば、看板よりももっともっとたくさんの情報を得ることができますが、住まいの近くでリアルな看板を見ることで、「あの工務店、このあたりにあるのね」と安心感や親近感を覚え、行動を起こすきっかけになります。

このように**ＷＥＢ広告とリアルな看板などで工務店との接触回数を増やすことをメディアミックスと言います。ＷＥＢ広告だけでは行動までは起こさなかったのに野立て看板を見ることで、なぜか安心でき、行動を起こすことがあるので、看板は不思議です。**

Tips 5-7

誰しも記憶にある新幹線の窓から見える「727」の野立て看板

通行量が多くなくてもよい野立て看板とは？

新幹線に乗り、窓の外を見ていると白地に赤文字の、謎の「727」と書かれた看板を見たことはありませんか？

時速200キロ以上で走っている新幹線の窓からはっきり見えるほど大きな看板です。これは大阪の美容院専売品の化粧品を販売している「株式会社セブンツーセブン」の看板です。新幹線からよく見える場所、周りが田畑で視界が開けている場所に設置されています。野立て看板は、目的さえ果たせれば、看板周辺の通行量が多い場所でなくてもいいのです。

実際に神奈川県にある「７２７」の看板を測ってみるとだいたい横８０００㎜×縦４０００㎜と大きな看板でした。

これほどのサイズでなければ、新幹線からは見えにくい看板となります。こちらの看板はこれまで紹介してきたアルミ複合板ではなく、トタンという金属の薄い板でつくった看板面に木枠をつけ、鉄の支柱に取りつけられていました。現在はアルミ複合板でつくることが主流ですが、以前はトタンでつくられることが多かったのです。

長期的に、**多くの看板を出しているからこそ、新幹線の窓から見える看板として、「あの看板は何？」「あれはどこかの会社の看板なの？」と興味を引き、新幹線の車内でスマホを取り出し、検索してくれます。**手持無沙汰な新幹線の旅だからこそ、さらに効果的な野立て看板となっています。

現在のようにスマホがなかった時代から、存在していた「７２７」の看板。これだけ有名になれば、「７２７」の代理店が美容院に営業に行ったとしても「新幹線の窓から看板見たことありませんか？」と話題を振ることができ、見たことがある人に親近感を持ってもらうことができます。

結果として、美容院でこの商品を勧められたエンドユーザーも「このメーカー、見た

新横浜駅と小田原駅の間に立つ、横8000㎜×縦4000㎜の「727」の看板

トタンの看板面を木枠につけ、鉄の支柱で自立している

ことある」と興味を持ち、一度購入してみようという行動につながります。

このように、「727」の看板は、すぐに購買行動には結びつかなくても、多くの人に長期的な効果を与え続けています。**こうしたマーケティング戦略に面白いとのってくれるお客様がいれば、より長期的に、サイズの大きい、多くの看板を掲出し続けてくれることでしょう。**

いつかは誰もが知る野立て看板をつくろう

野立て看板とひと口に言っても、さまざまなタイプの看板があります。

その魅力は、契約が続く限り、ずっとその場所に存在し続けること。そして、意識しなくても自然と目に入るため、多くの人に見てもらえることです。

わたしがはじめて野立て看板を設置した時のことを思い出します。

当たり前のことではあるのですが、今日もその場所に看板が立っているのが見えただけで、笑顔になったものです。折込広告やWEB広告など、看板広告以外のさまざまな広告は短期間しか人の目に触れることはありません。ずっとその場所にあり続ける看板は、担当する側としても一線を画する魅力があります。

毎日通勤・通学で同じ道を通る人々にとって、看板は目印となり、自然と記憶に残ります。これにより、看板の内容が潜在的に刷り込まれ、購買行動に結びつきます。特に、地域に根付いた看板は、地域住民にとって親しみやすく、会社のイメージアップも期待できます。

全国的に有名になることは難しくとも、地域で有名な、目印にしてもらえるような看板を目指すと、野立て看板の副業がさらに楽しいものとなります。

地域のシンボルとなり、多くの人々に親しまれる野立て看板を目指していきましょう。

第6章

建物看板＋αの儲け方

【実践　応用編】

Tips

6-1

建物の壁面や屋上を活用して儲けよう！

看板を立てられる場所がない時は建物を利用

建物看板とは、建物の壁面や屋上を活用して設置する看板のことです。建物看板では、壁面に設置されるものは道案内用の誘導看板としての役割を担っている場合も多いですが、屋上に設置されるものは認知度向上やブランディングを目的とした販促看板がほとんどというのが特徴です。

そのため**比較的大きな看板が多く、野立て看板同様、売上アップが期待できます。**

例えば、東京・渋谷のスクランブル交差点のようなたくさんの人が行き交う場所をイメージしてもらうと分かりやすいでしょう。看板を設置したいと思っても、建物が密集していて、看板を設置できるような土地はありません。このような場合に、建物の壁面や屋上を広告スペースとして活用するわけです。

もちろん、建物の壁面や屋上の看板には屋外広告物法の規定や地域におけるさまざまな条例が適用されるため、これをクリアする必要がありますが、建物看板は野立て看板同様に、お客様の要望に応じて、比較的自由に対応できます。

壁面に設置する場合は、アルミ複合板など軽量で、耐久性のある素材を使用した看板を貼りつけるだけで作業もそれほど難しくありません。ただ、建物の壁面など高い位置への設置は、道路に高所作業車を停め、作業を行うこともあり、高所作業車の費用や道路使用許可などの申請費用が初期費用に含まれます。

また、屋上に設置する看板は、強風などで飛ばないように屋上の床などに支柱を固定するため、野立て看板と同じように支柱の製作費などが初期費用としてかかります。

野立て看板との違いは交渉相手が明確なこと

看板掲出までの大まかな流れや利益となる手数料のパーセンテージ（多くは20%）は、野立て看板とそれほど変わりません。ただ、**ビルやマンションのような建物に設置する看板と、野立て看板との大きな違いは、交渉相手が管理会社である点です。**

建物看板の設置に関する交渉は通常、看板会社を通じてビルやマンションの管理会社と行われます。この管理会社は、建物の全体的な管理やメンテナンスを担当し、看板設置に関する決定権も持っています。そのため、連絡が取りやすいうえ、交渉の際のレスポンスもスムーズです。一方、野立て看板は、空き地や畑などに設置するため、「この土地の所有者って誰だろう？」というところから調査が必要です。所有者が個人のため、「お父さんと相談してから」といった家族会議が必要となる場合もあり、企業と交渉するよりも時間がかかることが多いです。

このように、話を比較的スムーズに進めやすいという点も、建物看板の特徴であると言えるでしょう。

建物看板の設置を拒否される場合もある

しかし、話が進みやすいからと言って、看板の掲出許可がすぐに出るというわけではありません。建物看板では、分譲マンションの場合は管理組合、ビルの場合は建物のオーナーだけでなく、入居者（テナント）の了解を得られなければ看板掲出ができません。

例えば、ビルに看板を出したいお客様の業種やブランドと競合関係にあるテナントが入っている場合、掲出を断られることがあります。

あるビルの壁面に看板を設置させてほしいと管理会社に連絡を取った時のことです。こちらから、「大手通信キャリアの看板を壁面に設置させていただきたいのですが」と打診をしたところ、「1階に別の通信キャリアが入っているから掲出は許可できない」と断られてしまいました。

もちろん、「（テナントが）競合だけどいいよということだったから設置ＯＫです」と返事をいただけることもありますが、**ビルの管理会社としては、看板掲出料で安定収入を得るより、看板の掲出で、入居者の売上が落ち、閉店や移転ということになれば、そ**

のほうが大打撃。基本は入居者優先で検討されます。

このように建物の看板の場合は、設置をさせてもらえない業種やブランド等もあるため、打診の際に、お客様情報を明確に伝え、確認することが大切です。

そうすれば、ほぼ確定というところで、設置が却下されるようなことは起きず、無駄な時間も使わずに済みます。

Tips 6-2

ターゲットを明確にし、巨大看板設置で収入増を狙おう

建物看板は歩行者や運転者だけがターゲットではない

看板広告の多くは歩行者や運転者をターゲットにしていますが、特定の場所に集まる人を狙った看板も存在します。

重要なのは、**誰に向けた看板なのか?を明確にし、その場所に掲出すること**です。看板広告は看板をただ出せば効果があるわけではなく、ターゲットに適した場所に絞って掲出することで、より効果的な広告となります。

例えば、大手受験塾が入り、若年層が多く出入りするビルがあったとします。

その大手受験塾の窓から見える位置にマクドナルドなどファストフードの看板を設置したらどうでしょう。

休憩時間にその看板を目した生徒たちは「ねぇ、今日のテスト頑張ったし、帰りにシェイク飲もうよ」とか、車で迎えに来た親に「帰りにドライブスルー寄ってよ」とおねだりすることもあるでしょう。

または、窓から映画館の看板が見えたら、友だちに「入試終わったら、一緒に○○の映画見に行こう！」とか「今、映画って○○しているよね。週末行かない？」という会話が生まれることもあるはずです。

このような効果は観光地の展望台から見える屋上の建物看板でも同じです。

観光客が展望台から街の眺望を見た時に目に入るよう、建物の屋上に、（どちらかと言うと）空に向かって看板掲出をすることがあります。

観光地で展望台から眺めている人は、お土産を買って帰りたい、近くの観光スポットに立ち寄りたいと潜在的に思っているので、展望台から「日帰り天然温泉」という看板が見えれば、「体が冷えてきたから、あそこの天然温泉行ってみようよ」と、なるかもしれません。

「○○名物 ○○まんじゅう」といった看板が見えると「あそこのおまんじゅう屋さん行ってみない？」と立ち寄る可能性もあります。

たとえ、そのおまんじゅう屋さんを目指さなかったとしても、たまたま立ち寄った土産物店で、そのおまんじゅうがあれば「これって、さっき展望台から見えた看板のおまんじゅうじゃない？」と購入に至ることもあるでしょう。こうした看板は、記憶に残りやすく、その後の購買意欲を高める効果が期待できます。

このように考えると、**特定の場所に潜在している看板ニーズは無数にあります。**

また、それが**遠くからでも視認できるような比較的大きな看板の設置を必要とする場合は、結果的に初期費用の製作コストや年間掲出料が高く、収益増加の期待もできます。**

セミナールームから見える看板はニーズあり

公共施設やビル内にあるセミナールームから見える周辺の建物看板も、先ほど述べたような効果を発揮することができます。

特に、セミナーやイベントが開催される場所では、参加者がその周辺に滞在するため、目に留まる看板は宣伝効果が高まります。

ある県に、図書館と併設して、セミナールームのある公共施設がありました。

その施設のセミナールームは、すべてを合わせると1000人ほどが収容できる規模でした。公のイベントや講習、市役所の人も会議などで使用し、国公立の大学が授業で使うこともあります。

また、一般の人も借りることができ、講演会や採用面談、イベントなどさまざまな用途で使われます。

その施設の周りには、公園があるため、視界が開け、周囲の建物の壁面や屋上がよく見えました。

建物の壁面や屋上がよく見え、多くの人が集まる場所。
まさに看板設置に最適な場所と言えるでしょう。

さらに図書館には、小さなお子様を連れた家族も訪れます。小児歯科や小児科、耳鼻科などの病院は子ども向けの診療を行うため、図書館に来館した家族層が自然とターゲットになります。それが図書館に近い病院であればなおさらです。「病院に行った帰りに図書館にも行けるし、子どもたちも病院に行ってくれるようになるかな」など、図書館を訪れるついでに病院に寄ることもでき、集客のチャンスが増えます。

さらに、セミナーや講習会の昼休憩で、なかなかその会場を離れることが難しい時にも看板が役立ちます。例えば窓の外に目をやり、「建物1階 蕎麦屋」という看板が見えれば「さっと食べられそうだし、あそこに行ってみようかな」と周辺の飲食店を知らない来場者を集客できます。いくら目の前にあるといっても、周辺を探索する時間のない来場者には、探さなくても目に入ってくる看板を出すことが大切なのです。

また、「100m先 コンビニ」といった来場者のニーズがありそうな看板を掲出することにより、ピンポイントで来場者を誘導できます。

その他にも、市役所の近くなら、退職金活用や資産運用の看板、または新築戸建ての工務店の看板が効果的です。

大学周辺には、新卒採用を強化したい企業や成人式の振袖、そして自動車学校の看板が適しています。

このように、**建物に設置する看板はターゲットに合った看板を掲出することで、野立て看板よりも効果的な需要を喚起する看板広告となり、長期間にわたって継続的に利用される可能性も高まります。**

Tips 6-3

一軒家に建物看板を設置して稼ぐ方法

人が住んでいる家でも建物看板を設置できる

マンションやビルのような高さのある、壁面のスペースが広い建物だけが、建物看板の掲出先というわけではありません。**道路沿いにある一軒家の外壁なども、看板掲出の交渉先となり得ます。**隣が駐車場や畑、角地などで、壁面がしっかり見える建物などは、看板が設置できる絶好の場所と言えるでしょう。

とはいえ、持ち家の場合、外観が損なわれるといった点で看板掲出を断られることがあります。新築の家に「壁面に看板設置させてもらえませんか？」と交渉に行ったところで断られるだけでしょう。

ただ、一度看板を出せば、継続的に更新してくれるお客様が多いのは、看板広告を副業とするあなただけのメリットでなく、建物の壁面を貸している家の所有者（家主）も同じこと。**建物の壁面を貸すだけで収入が得られることをきちんと説明できれば、掲出を許可してくれることでしょう。**

設置を許可した場合でも「さすがに葬儀社の看板はつけたくない」「動物は苦手だから、動物病院はやめてほしい」など個人的な意思が優先されることも考えられます。

そのため、看板設置の交渉をする際に、広告主の店舗名や会社名をはっきりと伝えておくことが大切です。

また、看板設置は了承したけれど、「こんなキラキラな貴金属買取の看板デザインはやめてほしい」「こんな派手な看板はちょっと」ということもあります。

事前に要望を聞くことが正解とはかぎりませんが、デザインが完成して、最終確認に行くと「こんなデザインの看板はイヤ」と言われるよりは効率的に進められる可能性があるので、事前に確認しておくのが賢明です。

看板は視認性がよく、通行者の目にいくら留まるかで、来店や販売が増加し、売上につながります。一軒家の外観の雰囲気にマッチするような看板デザインではなく、どちらかと言うとはっきりした色合いで、文字も大きくデザインされることが多いものです。そんな看板が外壁についたとしても、**「副収入が増える」と喜んでくれるような人に看板を掲出させてもらうのがベスト**です。

看板設置時には外壁の防水や雨漏りを確認

一軒家の外壁に看板をつける際には、アルミ複合板が一般的に用いられます。これは、他の建物看板等と同様です。看板を設置すると、雨が降った時に埃などを包んだ雨水が流れるため、看板を設置したところから下に向けて、雨水の通り道に黒い跡がついてしまう場合もあります。このような現象が起きるということも、家の所有者に伝え、設置後のトラブルを防ぐ必要があります。

設置方法としては、強力な両面テープやコーキングを使用しますが、どうしてもビス止めなど、外壁に穴を開ける必要がある場合もあります。

なかには安易にビス止めしたために雨漏りが発生したり、外壁塗装の保証が無効となったりしたケースもあると聞きます。このような問題を避けるためにも、看板設置前には外壁の防水状況や雨漏りの有無を確認し、「この位置に穴を開けてもいいか、家を建ててくれたところに確認をしてほしい」などと看板会社に要望を伝え、確認してもらいましょう。「いろいろ交渉ごとがあって大変そうだな」と感じるかもしれませんが、これらの交渉もすべて看板会社が進めてくれます。

一軒家は交渉が難しそうに感じますが、ローン返済中の一軒家などであれば、「ローンの負担が少しでも軽くなる」「固定資産税を少しでも軽減できる」と喜んでくれる人もいます。**よい立地にあれば、一軒家の壁面に看板の掲出交渉を行い、設置させてもらうこともできる**と覚えておくとよいでしょう。

Tips 6-4

看板スペースを貸し出して副収入を得る方法もある!?

ビルやマンションの所有者は貸主として収入を得る

これまで、広告主を探し、広告を掲出してもらうことで副収入を得る方法を紹介してきましたが、その逆で、**あなたがビルやマンション、一軒家の所有者であれば、貸す側として副収入を得ることもできる**という話も、この本の最後にしておきましょう。

例えば、マンション管理組合が看板スペースを貸し出すことで、収入を増やすことができます。分譲マンションでは、マンション管理組合が主導で修繕積立金やさまざまなマンション維持に必要な管理を行っています。

特に修繕積立金や管理費は、築年数が長くなればなるほど、値上げの必要があり、赤字になる管理組合もあるようです。

そのため、分譲マンションでは住民の負担を軽減させるために、空き駐車場を外部に貸し出す、屋上に携帯基地局を立てる、太陽光発電を設置するなど、さまざまな策を講じていると聞きます。

そんな**マンション管理組合が、収入を得るひとつとして看板広告を選ぶ**のも有益です。

通行量の多い幹線道路に面しているマンションは、壁面に看板を設置し、ドライバーを目的地に案内する誘導看板が効果的です。

壁面に設置する看板の場合は、アルミ複合板などの軽い素材で、壁面に貼りつけます。

もちろん、壁面への看板の設置は入居者から「景観が崩れる」「マンションの外観も含めて、このマンションに決めたのに」と看板設置へ否定的な声が上がる場合もあります。

そんな時は屋上への看板設置を検討してみるとよいでしょう。

屋上看板の場合は、歩行者やマンションの入居者からは見えづらい看板となります。

そのため景観もさほど気にならない可能性があります。

屋上看板は、壁面に設置する看板とは異なり、支柱で看板を支えて設置します。支柱

［ 分譲マンションで看板広告を出す場所の例 ］

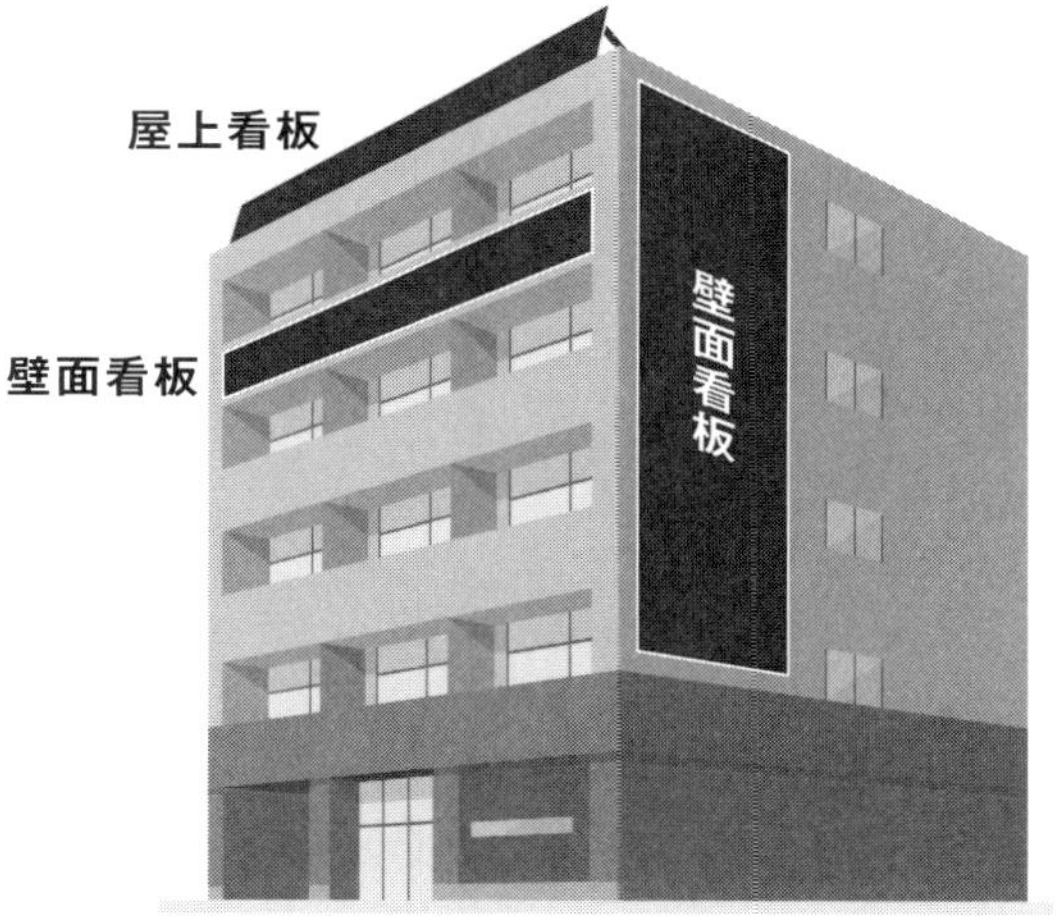

を固定するためには、屋上にコンクリートで土台をつくる必要があり、看板を撤去した後もその土台が残ってしまう可能性があります。

屋上であるため、住人が部屋から目にする場所ではありませんが、撤去した後のことも考慮しながら、設置を検討するとよいでしょう。

看板を掲出し、マンション管理組合で「収入が増えることで、各戸の負担が減るならば、ぜひやりたい」という方針が決まれば、看板会社に対して壁面や屋上などのスペースを活用して収入を得たいという要望を伝え、広告主を探してもらうことができます。

広告主が決まった後も、看板会社が看板の設置やメンテナンスをすべて担当し、マンション管理会社は毎年請求書を発行するだけです。他に特別な手間はかかりません。

請求書の発行というシンプルな業務だけで、収入を得ることができます。

管理組合の財政面にとってはありがたい話にはなりますが、マンションの景観が悪くなり、売買を行う際の価格や人気度にも影響してくる可能性もあります。設置する場合は、理事会等で丁寧に許諾を取って、進めていきましょう。

Tips 6-5

狭小地のような使えない土地も看板設置で収益化できる!?

使い道を見い出せない土地だからとあきらめるのは早い

「家を建てるのはもちろん、駐車場にするにしても狭い」「いびつな形をしていて売りたくても売れない」「持っていても利用価値がなく固定資産税を払っているだけで損をしている」――。このような土地でも、条件さえ揃えば看板の設置場所として提供するだけで、利益を生む土地に変えることができます。

看板は厚みがなく、基礎を含めても、1m×1mほどのスペースがあれば設置できます。もっと言えば、厚みの部分は50㎝ほど、横幅が1mほどの場所でも看板の形状によっては立てられる場合もあります。

[奥行きが狭く間口の広い細長の土地]

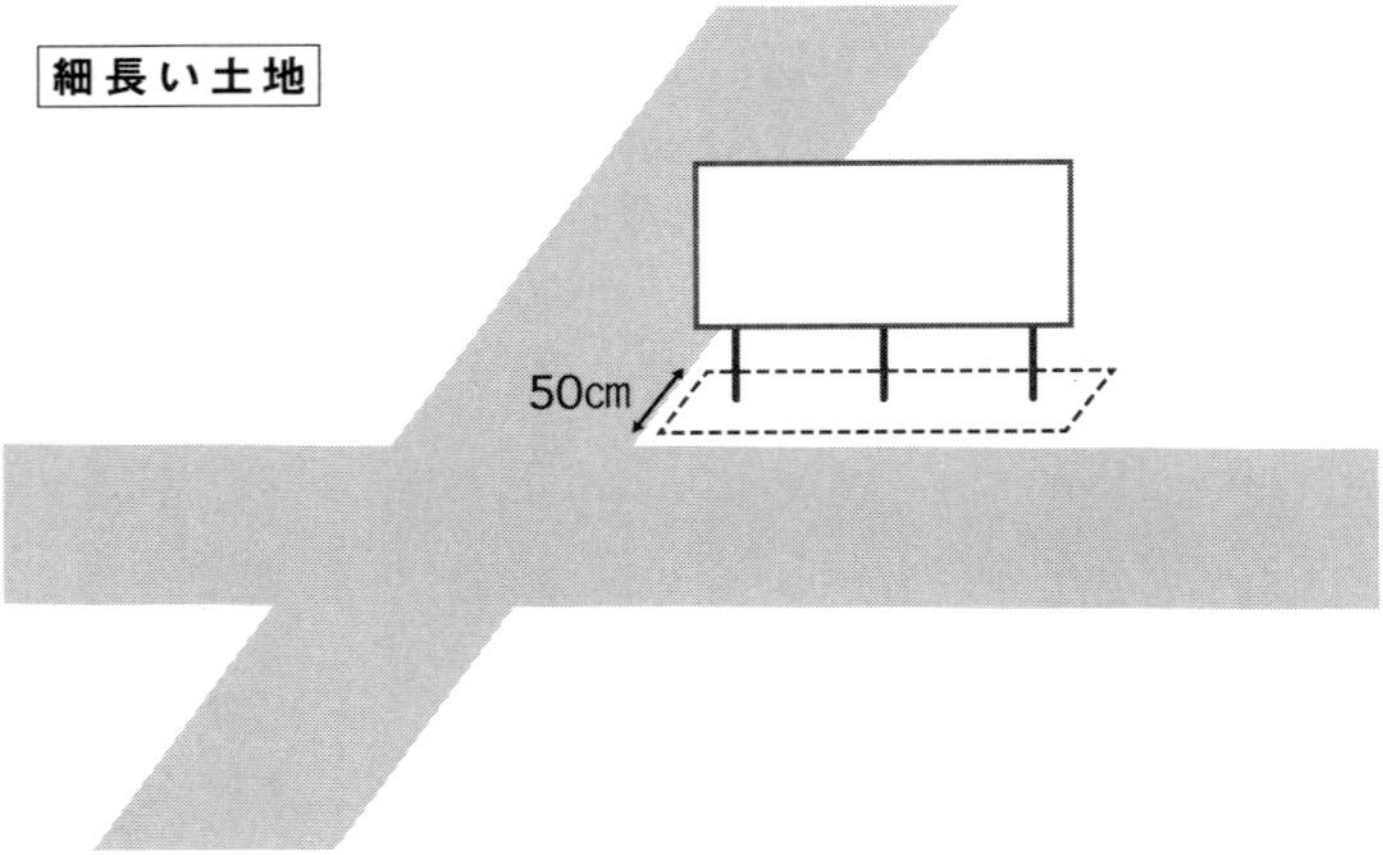

[道路の分岐にある三角形の狭小地]

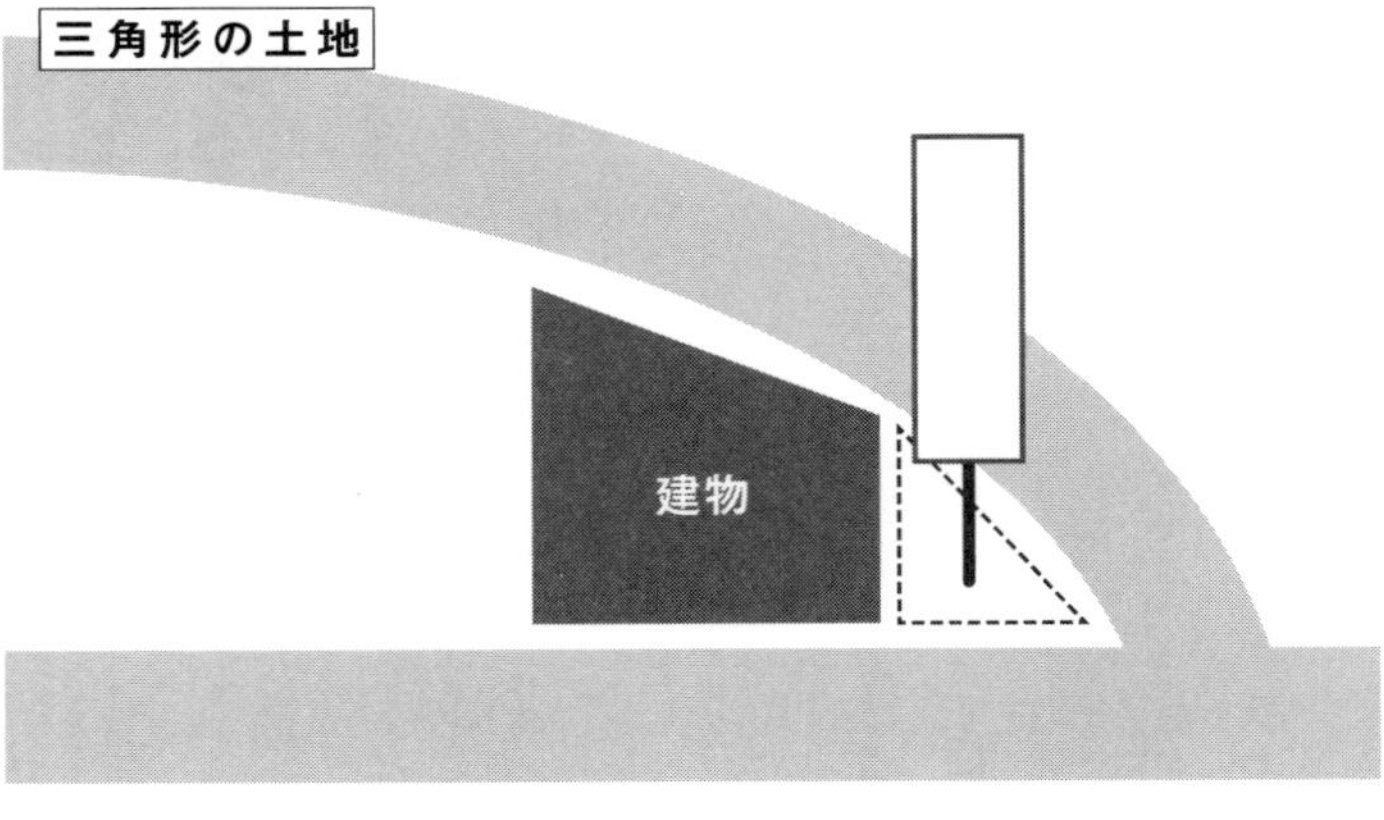

使えない土地が収益を生む土地に変わる！

奥行きがなく、横長で車を停めることもできない土地であるとか、三角形の特殊な形状の土地であっても、前面が幹線道路に面している、看板を掲出する店舗や会社への誘導に適している角地の場所などの条件に合致する土地であれば、野立て看板のニーズが生まれるのです。

決して、看板の両面が見える場所でなくても大丈夫です。看板の片面だけでも看板広告としての目的を果たすことができます。片面は、建物が横に立っていて見えない、道がカーブになっていて、看板両面を使用するのが難しそうという場所でも一方向からの視認性がよければ、広告主が見つかる場合があります。

看板は初期投資がいらない土地活用法

看板広告が、なぜ土地活用の一手法としてお勧めできるかと言うと、初期投資が不要であり、またメンテナンスの必要がないからです。

すでに説明した通り、看板広告は、看板の製作費・設置費の初期費用は広告主が負担します。契約時に「メンテナンスは看板会社が行う」という条件をつけておけば、メンテナンスを行う必要もありません。きちんと契約書を読み、記載がなければ、そのような条件を追加してほしいと要望すればよいだけ。

そうすることで　もし、「この間の台風で看板がへこんでるよ」「最近看板が汚れているから、きれいにしたほうがよさそう」などといったように、看板に何かあったとしても、看板会社に連絡して対応してもらえばそれで済みます。

あるクリニックの誘導看板を中華料理店の駐車場に設置してもらっていた時のこと。店主から「バックする時にトラックがぶつかっちゃって、看板の支柱が斜めになったんだけど、どうしたらいい？」と連絡が入ったことがありました。

この時も土地の所有者である中華料理店の店主がやったことはわたしに一報入れただけ。看板の修繕費用の負担をすることなく看板は修復されました。

ただ単純に場所を貸すだけで収入が得られる。しかも、土地の所有者だからといって、なんらかの補償を行ったり、請求されたりすることもない。

いかがでしょう。看板広告を土地活用の選択肢のひとつとして考えるのも悪くはない、とは思いませんか？

他の活用法を思いついたら撤去すればＯＫ

一度、看板広告の貸主になれば、長期的に一定の収入が入ってきます。とはいえ、広告主が掲出をやめないかぎり、ずっと貸し続けなければいけない、というわけではありません。

看板広告は、基本1年更新です。もし「その土地を買いたい」という人が現れたり、もっと収入を得られる方法を思いついたりした時は、更新さえしなければ新しく思いついた土地活用方法に方向転換が可能です。

なお、更新しなかった時に気になるのが看板の撤去ですが、これも契約書内に「双方いずれかの理由で契約解除となった場合の撤去費用は広告主負担」といった事項を記載しておけば、撤去費用を負担することもありません。

近隣の看板会社に相談しよう

では、看板広告で、実際に土地活用をしたいと考えた場合どうすればよいでしょう？

ここまで読んで、看板広告のしくみが頭に入っている人はもうお分かりですよね。近隣の看板会社を探すことからはじめればいいのです。

ネットで「〇〇市　看板」といった地名＋看板で検索すると、近隣の看板会社がずらりと出てきます。業務内容に「看板設置場所調査」や「看板設置申請」といったことが明確に書いてある会社があれば、そこに問い合わせをしてみましょう。

そのなかでも**製造や設置などすべての工程を一貫して対応できると書いてある看板会社や、地域密着型の本社一拠点だけといったような看板会社がお勧め**です。

よさそうな看板会社を見つけたら、問い合わせフォームや電話などで「使っていない土地を看板用地として貸したい」といった内容を伝え、現地を見に来てもらいます。

現地を見に来てもらえれば、その土地が看板広告にニーズがあるのか、掲出できそうなのかの相談に乗ってもらえます。

看板広告のニーズがある場所と分かれば、後は相談した看板会社に広告主を探してもらうところから、設置や各種申請、年間掲出料の交渉などは丸投げでＯＫです。

地域密着型の看板会社は、年間掲出料の相場感の知識もあり、適切な価格を設定してくれます。契約の締結や広告主への費用の請求なども看板会社に任せられます。そうすることで、広告主から年間掲出料の未払いなどの対応は看板会社に任せることができ、毎年安定した収入を得ることができます。

おわりに

副業をはじめたいと本書を手に取ってくださったみなさま、ありがとうございます。

そんなみなさまに最後にひとつお伝えしたいことがあります。


「できない理由を考える時間があれば、できる理由を考える」


やりたい気持ちがあるのに、どうしてもできない理由を並べてしまい、

「簡単そうに見えるけれど、この副業もうまくいきそうにない」

と感じた人もいるかもしれません。

たくさん本を読んで、知識をつけても、それがあなたに合っている副業なのかは誰も
分かりません。

電柱看板に携わっている、70歳近いおじさまは、わたしが電話すると「今、畑仕事中」と言いながら、未だに電柱看板の面白さに取りつかれ、新規顧客を獲得しています。

「分かりにくい場所にあるお店にＤＭを出したら電話かかってくるぞ」

と自らが新規獲得している方法を伝授してくれます。

70歳近いおじさまが、畑仕事の片手間にでもできる仕事。そんな簡単な仕事ということは、このおじさまが身をもって証明してくれています。

看板広告は、初期投資もいらない、損をすることはない副業です。

だからこそ、まずは半歩だけでもいいので、足を踏み入れてみてください。

わたしの人生のテーマは「人は死するとき、なにを得たかではなく、なにを与えたかである」です。

わたしが持ち合わせている、看板副業の具体的なノウハウを本書に詰め込む（与える）ことで、誰かの糧《かて》になるのであれば嬉しく思います。

本書があなたの副業への一歩を踏み出すきっかけになったなら、ぜひ、メールアドレス：emi.jp.1472@gmail.comに本書の感想と共に、一歩を踏み出せたことをお知らせください。時間はかかるかもしれませんが、お返事させていただきます。

最後に、本書が書けたのは、看板広告の経験を与えてくださったお客様、全国の看板会社の方だけではなく、出逢ったすべての方がいらしたからこそ。深く感謝申し上げます。

小宮　絵美

本書に記載の情報は２０２４年9月時点の情報を基にしています。
今後、変更される場合がありますので、あらかじめご了承ください。

著者紹介

小宮絵美（こみや えみ）

ひらり宣伝社代表。短大卒業後、地元・広島県のシステム会社の営業を経て、広告代理店に転職。営業トップの成績を残すなど10年半のキャリアを積む。転勤族の夫と全国を転々とする中、広告代理店時代のお客様から「あなたにお願いしたい」とオファーを受け、2017年に「ひとり広告代理店」として自宅起業。その後、拠点を移しながら、東京・愛知・大阪・広島・福岡など5年で100社以上の顧客を抱えるまでに成長。大企業から個人商店まで幅広い顧客を担当し、紹介のみで業績を伸ばし続けている。きのこ検定1級を取得するほど、きのこ好き。著書に『自宅で年収1000万円 「ひとり代理店」で稼ぐ新しい起業の教科書』（日本実業出版社）がある。

副業《ふくぎょう》は看板広告《かんばんこうこく》で稼《かせ》ぎなさい　〈検印省略〉

2024年 10 月 29 日 第 1 刷発行

著　者――小宮 絵美（こみや えみ）
発行者――田賀井 弘毅

発行所――株式会社あさ出版
〒171-0022 東京都豊島区南池袋 2-9-9 第一池袋ホワイトビル 6F
電　話 03（3983）3225（販売）
　　　 03（3983）3227（編集）
F A X 03（3983）3226
U R L http://www.asa21.com/
E-mail info@asa21.com
印刷・製本 萩原印刷（株）

note http://note.com/asapublishing/
facebook http://www.facebook.com/asapublishing
X http://twitter.com/asapublishing

ISBN978-4-86667-709-5 C2034

★ あさ出版好評既刊 ★

知っておくとビジネスも人間関係もうまくいく！

沖縄ルール

伊波 貢 著

四六判　定価1,540円 ⑩